絕望中的幽默製造者

狄更斯

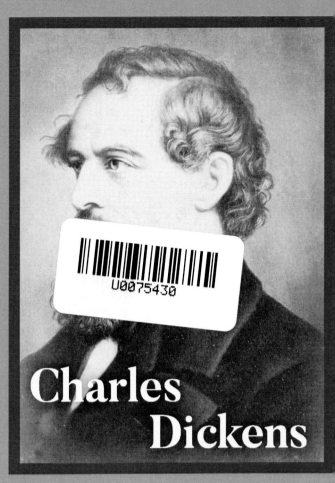

Charles Dickens

天生的作家，發文即成名，創作不輟，關注社會黑暗並帶來光明

《孤雛淚》、《塊肉餘生記》、《雙城記》

他深刻觀察社會底層的生活百態，烙印在心上，書寫成文章
他的小說呈現人性黑暗卻隱含希望，正義能夠伸張，壞人終得制裁
他以寫作發洩心中苦痛，將心碎傳達給讀者，親人之死催生經典悲劇

他是享譽世界的傳奇小說家──狄更斯

「這是最美好的時代，這是最糟糕的時代……
這是光明的季節，這是黑暗的季節；這是希望之春，這是失望之冬。」

鄧韻如，王漢卿 編著

目錄

目錄

輝煌碩果

晚霞夕照

目錄

序

成就與貢獻

狄更斯一生共創作長篇小說 13 部半,其中多數是近百萬言的大編制作品,中篇小說 20 餘部,短篇小說數百篇,特寫集一部,長篇遊記兩部,《兒童英國史》一部,以及大量演說詞、書信、散文、雜詩。

他多次去歐洲大陸遊歷、旅居,兩次訪問美國,中年以後先後創辦《家常話》和《一年四季》期刊,發現和培養了一批文學新人。

狄更斯生活和創作的時間,正是 19 世紀中葉維多利亞女王時代前期。狄更斯畢生的活動和創作,始終與時代潮流同步。

他主要以寫實筆法揭露社會上層和資產階級的虛偽、貪婪、卑瑣、凶殘,滿懷激憤和深切的同情呈現下層社會,特別是婦女、兒童和老人的悲慘處境,並以嚴肅、審慎的態度描寫開始覺醒的勞苦大眾的抗爭。

與此同時,他還以理想主義和浪漫主義的豪情謳歌人性中的真、善、美,憧憬更合理的社會和更美好的人生。

狄更斯第一部長篇小說《匹克威克外傳》透過匹克威克

序

和他至友的遊歷，暴露當時英國現實生活的黑暗，描繪了作者心目中的「古老的、美好的英格蘭」，反映了作者嚮往不受封建壓迫和資產階級剝削的思想與樂觀主義情緒。

作者還批判了英國的議會制度、法律、司法、監獄等，以輕鬆幽默的筆調描述紳士、車伕等各種人物，宣揚實施道德教育的理想。

從《董貝父子》以後，狄更斯的創作更為成熟。這部小說透過董貝先生與兒子保羅、女兒弗洛倫斯的關係，探討了財勢對人類美好天性的侵蝕，展現了作家對人類社會前途的憂患感。

《塊肉餘生錄》是半自傳體的小說，它的成就超過了狄更斯所有其他作品。它透過一個孤兒的不幸遭遇描繪了一幅廣闊而五光十色的社會畫面，揭露了資產階級對勞動人民的剝削、司法界的黑暗腐敗和議會對人民的欺壓。

作品塑造了不同階層的典型人物，特別是勞動者的形象，表現了作者對弱小者的深切同情。作者還企圖透過大衛・科波菲爾的最後成功鼓舞人們保持對生活的信心，極力培養讀者的人道主義觀點。這部小說最後仍以一切圓滿作為結局，表現了作者的一貫思想。

《荒涼山莊》、《艱難時世》、《小杜麗》是三部政治意識很強的作品。《荒涼山莊》以錯綜複雜的情節揭露英國法律

制度和司法機構的黑暗;《艱難時世》直接描寫罷工抗爭,是對英國憲章運動的策應;《小杜麗》詳盡描繪了負債人的監獄生活,同時也更為深入地揭露了英國官僚制度和機構的腐朽。

狄更斯最後一部小說《艾德溫·德魯德之謎》雖僅完成23章,從中也可見其精雅文筆、嚴謹構思以及誘人的懸念和神祕色彩。

地位與影響

狄更斯是用英語寫作的最偉大的小說家。時至今日,他的作品仍像過去那樣震撼人心。

狄更斯生活在英國由封建社會向資本主義社會過渡時期。資本主義的發展使大批小資產者貧困、破產,無產階級遭到殘酷的剝削而淪為赤貧。當時在英國發生的無產階級革命運動,即憲章運動,給予狄更斯很大的影響,狄更斯從人道主義出發,呼籲統治者在追求個人利益的同時,不能剝奪勞動人民的權利,勸誡統治者要做講道德有良知的人。

狄更斯一直熱心於社會公益事業。正如他的好友約翰·福斯特所說:「所有旨在推進現實的社會改革的運動,如爭取改善衛生方法、爭取實現窮人的免費教育、爭取改善勞動條件等運動,他都熱心贊助,直至生命的最後一息。他有求必

序

應，隨時隨地答應主持關於上述議題的各種會議，他慷慨解囊，贊助一切慈善團體，無論是私人團體還是地區的組織。」

在英國文學史上，19 世紀是群星燦爛的小說鼎盛時代。而在這些偉大的小說家中，狄更斯則是一顆最為光彩照人的明星。從小飽嘗人間艱辛的狄更斯最同情勞苦人民和孤苦無依的孩子。

狄更斯是高產作家，他憑藉勤奮和天賦創作出一大批經典著作。他又是一位幽默大師，常常用妙趣橫生的語言在浪漫和現實主義作品中講述人間真相，以至於馬克思也不得不讚嘆地稱他為「傑出的小說家」。

狄更斯以其小說創作篇幅宏大，氣勢磅礴，內容包羅萬象，風格雅俗共賞，豐富多彩，生前即已享譽國內外，是英國 19 世紀小說繁榮時期最傑出的代表作家，影響遍及歐美以及世界各國。

他的作品以及根據這些作品演化而成的各種通俗、兒童讀物和娛樂節目在全球廣泛流傳。

苦難童年

我一定會好好讀書，長大後一定努力工作，將來我
一定會擁有這幢房子，甚至比它還要好！

—— 狄更斯

父親企望得子

1812 年 2 月 6 日，英國南部樸資茅斯海港，一個安靜迷人的夜晚。英國海軍軍需處職員約翰·狄更斯一整天都笑容可掬的，因為他的心情就像這個恬靜的夜晚一樣，他的妻子即將分娩了。

他們的女兒芳妮已經兩歲了，現在馬上就要見到自己的又一個孩子了。約翰的心情更加迫不及待了，他盼兒子盼得太久了，他渴望妻子這一次能為他生一個兒子。

約翰忐忑不安地問女兒：「芳妮，你告訴爸爸，你希望要個弟弟還是妹妹？」

女兒爽快地回答：「我當然希望媽媽給我生個小弟弟！」

約翰就像被女兒投入了一顆定心丸，滿意地回過頭對妻子伊麗莎白·芭羅說：「聽見了，妳要滿足女兒的心願哦！」

芭羅充滿愛憐地兩手撫摩著腹部，肯定地回答：「放心吧芳妮，媽媽一定幫妳生個弟弟。」她又轉頭對約翰說：「對了親愛的，我這次懷孕，感覺跟懷芳妮時明顯不一樣。他時常在我肚子裡施展拳腳，這個淘氣包一點也不安靜。」

約翰和小芳妮都被逗得大笑起來。小芳妮說：「媽媽，是不是就像一隻小鹿一樣？」

芭羅喜悅地說：「嗯，你的比喻太恰當了！」

約翰滿面洋溢著幸福，他看著芭羅高興地說：「親愛的，

你看多麼好的夜晚啊！散散步嗎？」

芭羅猶豫了一下，但看到約翰的興致這麼高，她微笑著慢慢站了起來。約翰挽著妻子的手，他們一起走進美好的夜色之中⋯⋯

第二天凌晨，芭羅順利地生下了一個男嬰，母子平安。

約翰的母親 —— 她一直在克魯勛爵家做傭人 —— 知道自己有了孫子，開心地趕了過來。

小芳妮見到祖母，撒嬌地撲進老人懷裡。老人一把抱起孫女，然後走進屋裡，幸福地低頭端詳著剛剛來到人間的活潑可愛的孫子。

她看了看孫子，又看了看懷中的孫女，高興地嚷道：「你們看哪，這小傢伙長得真像他姐姐呀！」

芭羅疲倦而喜悅地靠在床邊，她的目光一直沒有離開剛出生的兒子。

一家人都為這個男孩的降生而無比高興，當然最高興的是他老爸約翰，他忙進忙出招呼家人，走起路來就像在跳舞。

他的母親這時從孫子身上把目光收回來，看到兒子的瘋樣子，不由愛憐地嗔怪道：「都是兩個孩子的父親了，還有點事就激動得像個孩子。」

「媽媽，這怎麼是有點事呢？這對我們家是天大的喜事啊！」

「好了！好了！現在最大的事是給你的寶貝兒子趕快取個名字，我們好稱呼這個小男子漢啊！」

芭羅輕聲地對家人們說：「他爸爸早就已經為他取好了，叫查爾斯·狄更斯。大家說這個名字怎麼樣？」

人們頓時都齊聲叫道：「好名字啊！你好啊，查爾斯·狄更斯，歡迎你加入我們這個大家庭！」

時間過得真快，一轉眼小查爾斯已經 5 個月了。他們全家從他的出生地邁爾恩德高坡搬到了波特西的霍克街。

這座房子帶有一個小花園，裡面空氣特別清爽，而且樹木花草生長繁茂，小查爾斯就在家人的呵護下一天天地長大了。

芳妮有了弟弟，就儼然成了大姑娘了。等小查爾斯兩歲的時候，她就整天牽著弟弟的手在院子裡玩，一邊帶他在石子路上學走路，一邊指著看到的一切教弟弟說話。保姆站在廚房裡，一邊做飯一邊透過窗戶關照著他們。

有一次，保姆帶著小查爾斯到院子外面玩。

雖然還不滿兩歲，但小查爾斯已經有了異乎尋常的觀察力。他注意到了花園外面那些喊著口號操練的海軍士兵：他們那直視前方的莊嚴目光，整齊劃一的隊列，威武高亢的口號，都讓小查爾斯心裡崇敬不已。

保姆把他帶回家，又去忙一家人的晚餐了。姐姐過來帶他在院子裡玩耍。

保姆在做飯的間隙，從窗戶向外看：只見小查爾斯時而抬高腿走正步，時而神色莊重地抬手敬禮。儘管他走路還有些蹣跚，但那認真的態度真讓保姆忍俊不禁。

小查爾斯發現保姆在關注他，練習得更努力了，把身子挺直，模仿著心目中的士兵。

冬季來臨時，由於約翰的工作調動，他們舉家搬往倫敦。

芳妮和查爾斯趁父母整理東西的空檔，還在院子裡玩耍了一會。

芭羅對他們姐弟倆喊：「你們倆不要到處亂跑了，把衣服弄髒了還要再換，趕快到車上坐好。」

約翰把東西整理完畢，一手一個把姐弟倆抱到了馬車上：「兩個小東西別搗亂了，坐好，我們出發了。」

等他倆坐好，約翰一聲吆喝，馬車碾過地上厚厚的積雪出發了。一路灑下姐弟倆歡快的笑聲。

車走得很遠了，查爾斯從媽媽懷裡掙脫出來，遙望著越來越遠的家園漸漸模糊。他把目光收回，一直盯著車後那兩道深深的車轍。

從小擅長觀察和思考

1817 年，在小查爾斯 5 歲的時候，約翰奉命到查塔姆去，負責那裡的軍艦修造工作。於是全家又從倫敦搬到查塔姆。

這時，約翰在海軍軍需處的年薪漸漸地由 110 英鎊上升到 350 英鎊。

查爾斯來到新的環境，他又結交了一些新夥伴，他和他們相處得很好。

但母親對查爾斯的身體一直不放心，因為他小的時候瘦弱多病，常常痙攣，不能過於勞累，因此別的孩子們盡興地玩曲棍球、彈子、抓俘虜等遊戲，他只能站在一旁觀看。

她經常叮囑他：「查爾斯，你可以和夥伴們玩耍，但你身體一直不很好，你不可以和大家玩很長時間。但是，你可以在旁邊做他們的觀眾和裁判啊！」

查爾斯當然很依戀他的朋友們，不過一活動過於激烈了，他的身體就會非常痛苦，他不得不聽從母親的叮嚀。

查爾斯更多的時間是當觀眾，所以他能夠記憶下每一件小事的細節，甚至細心地觀察夥伴們一些無足輕重的話和臉部表情。他觀察每一個人，注意每一件事，靜靜地思索，悟出了道理便興奮不已，從中享受到不少樂趣。而且這也給他帶來了意外的好處：他養成了讀書的嗜好。

　　查爾斯與隔壁一個年齡比他大一點的孩子最要好，這個孩子也成為他後來的作品《塊肉餘生錄》中斯蒂福的原型。他還注意觀察與他住在同一條街上的人們的習慣和癖好。

　　查爾斯不但喜歡看別人玩，也很有表演的天賦，他擅長朗誦，喜歡唱歌。尤其把觀察到的一些夥伴的滑稽事編成小歌謠，就像表演喜劇一樣。

　　約翰經常可以看到查爾斯的精彩而活潑的表演，他心裡不由產生了一個念頭：「查爾斯，爸爸帶你去公眾場合表演好不好？當然也帶上你姐姐。」

　　姐弟倆高興地撲進父親懷裡：「太好啦！要去哪裡，讓我們表演給誰看呢？」

　　約翰笑著撫摩著兩個孩子的頭：「我帶你們去羅徹斯特的法冠酒店，那裡常常有一些業餘演員為顧客們表演歌舞。你們這次也當一回業餘演員，看看能不能受到大家的歡迎！」

　　於是，興致勃勃的老爸，帶著躍躍欲試的一雙兒女，來到了法冠酒店。

　　姐弟倆帶著燦爛的笑容登上了酒店的舞臺。引起了顧客的好奇，大家都專注地看著他們。

　　芳妮和查爾斯卻一點也不緊張，他們盡情地表演。那天真而唯妙唯肖的表情，引發顧客們熱烈的鼓掌和高聲的喝彩。

這給了小查爾斯更大的鼓勵，他更增強了表演的信心和勇氣，也更演得淋漓盡致。這種熱烈的感染，也讓他從此愛上了舞臺。

經過這一次，每當外出做客，或者家裡來了客人，約翰都喜歡帶上查爾斯和芳妮。在熱情和動力的鼓勵下，他們的表演才華也越來越得到充分的展示。

父親成了查爾斯最好的朋友和夥伴，他從此也就很少跟別的孩子們一塊玩了。

約翰不單讓兒子為人們表演節目，他還經常帶孩子們去羅徹斯特的皇家劇院看莎士比亞的《理查二世》和《馬克白》。在家裡，除了唱歌、表演、朗誦，約翰還喜歡為孩子們放映引人入勝的幻燈片。

每到休息日，約翰還帶查爾斯一起泛舟河上，到鄉間去漫步。

父子倆從查塔姆出發，沿著羅徹斯特通往葛雷弗賽德的平坦大道上長時間地散步。查爾斯被鄉間清新怡人的景色深深地迷住了。他站上高處向遠方眺望，或在近處的花草間盡情地歡笑。

有好幾次，查爾斯都注意到了大道旁山頂上，沿著狹長的山坡，可以抵達那裡的一片大房子。

有一次，他問爸爸：「爸爸，你些房子好漂亮好壯觀啊！」

約翰說：「當然了兒子，那座山就叫蓋茲山，而那座大房子就叫蓋茲山莊！」

查爾斯無限神往地說：「那蓋茲山莊裡都住著些什麼人啊？住在那裡面肯定又寬敞又舒服。我也想有一座這樣的房子！」

約翰也讓兒子的話語感染了。他目光炯炯地盯著查爾斯被熱情燃得紅紅的小臉蛋，充滿信心地鼓勵兒子：「查爾斯，如果你想住在那樣的房子裡，那就好好讀書吧，將來長大了努力工作，就一定也會住進這座房子，甚至擁有比這還要好的房子……」

查爾斯面對著父親期待的眼神，心裡產生了無比的熱情和動力。他相信父親不會騙他。他在心裡暗暗地下定了決心：

「我一定會好好讀書，長大後一定努力工作，將來我一定會擁有這幢房子，甚至比它還要好！」

勤奮閱讀經典書籍

「查爾斯，如果你想住在那樣的房子裡，那就好好讀書吧，將來長大了努力工作，就一定也會住進這座房子，甚至擁有比這還要好的房子……」

爸爸的這句話從此就一直在查爾斯的耳邊迴響。他的眼前也充滿了美好的憧憬。

　　這天一回到家裡，查爾斯就迫不及待地對母親喊：「媽媽，我要讀書，我要寫字！」

　　芭羅看著兒子，她高興地說：「哦，我的兒子長大了，竟然知道要讀書寫字學知識了。」

　　查爾斯則異常堅定地回答母親：「媽媽，我要好好學習，長大了努力工作，我要住進蓋茲山莊，我要讓我們全家都住進那寬敞舒適的大房子裡去。」

　　芭羅盯著兒子，她被兒子的熱情感染了，不由把查爾斯緊緊地摟進懷裡：「好孩子！真是媽媽的好兒子！媽媽一定教會你讀書寫字。」

　　從此，查爾斯就跟母親學習讀書寫字，還教了他一點基礎拉丁文。

　　查爾斯學習非常認真，而芭羅別開生面的教育方法也能引起他強烈的求知慾。他每一天都積極主動地向媽媽要求：「媽媽，我們今天又該學什麼？」

　　但是，由於母親又接連有了好幾個孩子，查爾斯的學習也就不得不被經常打斷。每隔一個階段，她就不得不把注意力從查爾斯身上轉向新出生的嬰兒。

　　這種情況也使查爾斯感到母親對他的愛時冷時熱，他抱怨母親，同時絕不放鬆對自己的嚴格要求：「看來，我只有自己多努力讀書了。查爾斯，你要記住，母親不管你也絕不可

以鬆懈！」

　　芭羅在辛苦照顧查爾斯的幾個弟弟之餘，她也知道自己一個人要料理家事、照顧孩子，就不能盡全力去培養查爾斯了。有一天，她無奈地對約翰說：「親愛的，看來只有給查爾斯請個家庭教師了。」

　　約翰點頭同意：「我看也是，怎麼著也不能讓他中斷學習。」

　　家庭教師來了之後，查爾斯和他關係相處得非常好。

　　但是，由於家庭情況發生了變化，他們的經濟拮据起來，只好又搬到了一個房租相對便宜一些的房子。

　　約翰把芳妮和查爾斯送到了羅馬巷的預備學校裡學習。

　　查爾斯在學校的成績一直很好，尤其是作文表現得更為突出。他的成績得到一位年輕老師的高度讚賞：「查爾斯·狄更斯，你的作文寫得非常棒。」然後老師又建議說：「你現在不妨多讀一些經典的名著，這樣你的寫作程度肯定會更上一層樓。」

　　查爾斯面對著老師的讚賞和鼓勵，他在表示感激的同時，也決心一定按老師的建議去做。

　　放學的路上，姐弟倆一起回家，芳妮發現，平時活潑好動的弟弟一路上都沒有與她說話，就好奇地問：「查爾斯，你在想什麼呢？」

「我在想老師的話，我該怎樣讓爸爸媽媽拿出錢來買老師說的那些經典名著呢？」

查爾斯回到家，坐在椅子上為難地發呆。

芭羅發覺了他的不對勁，就擔心地問：「兒子，看你心事重重的，遇到什麼為難事了嗎？」

「媽媽，老師建議我多讀一些名著。但我知道家裡經濟情況很不好，可是媽媽，家裡能拿出什麼東西來當一點錢用嗎？」

芭羅聽後，側過臉思考了一會，她忽然眼睛一亮，對著查爾斯神祕地說：「兒子，臥室旁邊那個閣樓，你去打開看一下，可能會找到能夠當錢的東西，就用它們去換書吧！」

查爾斯聽了母親的話，皺著眉頭想著她說的閣樓裡面的東西：自己雖然沒有進過臥室旁邊的那個閣樓，但那裡邊存放的都是一些破舊東西。想不起有什麼值錢的東西呀！

而母親卻信心百倍地鼓勵兒子：「查爾斯，進去看一下吧，我想你會有所發現的。」

查爾斯雖然心裡半信半疑的，但看媽媽說得那麼肯定，不像是在跟自己開玩笑，就打開閣樓的門走了進去。

閣樓裡雜亂地堆放著廢棄不用的舊家具，落滿灰塵的家具上架滿了蜘蛛網，他心裡頓時被失望塞滿了。

他不願走近它們，只是用眼睛一件一件地打量著。

　　忽然，他的目光落在牆角一張破舊的木椅上，眼睛一下就亮了：那上面堆著厚厚的一摞書！

　　他回想起來了：對，這是父親原來讀過的一些書。現在父親已經把興趣轉向了杯中物，而把早年喜愛的這些書無情地束之高閣，不再問津了。

　　查爾斯顧不得破舊閣樓裡的灰塵和蛛網，他驚喜地撲上前去，貪婪地把那摞書抱在懷中，一邊向外走一邊驚喜地對母親高喊：「媽媽，我找到了！」

　　他來到臥室裡，一邊逐本擦著上面的灰塵，一邊如獲至寶地大聲唸著每本書的名字：「哦，媽媽！是《魯賓孫漂流記》、《湯姆·瓊斯》，看哪，這本是《蘭登傳》，媽媽！還有《一千零一夜》。」

　　查爾斯就像見到了久別重逢的老朋友一樣高興。

　　芭羅面帶微笑看著兒子，心中充滿了愛憐。

　　美麗恬靜的夏夜。當別的孩子都在外面瘋跑、玩耍，而查爾斯卻在臥室裡與他思念至深的「朋友」交談。他坐在床上，兩手捧著書，一邊如飢似渴地讀著，一邊愜意地搖晃著身子。

　　他讀得非常投入，走進書的夢幻世界裡，經常把自己當成了書中的人物。

　　這一星期，查爾斯名叫「湯姆·瓊斯」，而下一星期，他又變成了「洛德里克·蘭登」。

塞萬提斯的《唐吉訶德》讓查爾斯百讀不厭。

一看到描寫航海和旅行的書，查爾斯就忘了吃飯和睡覺。因為他對海軍從小就抱有特殊的感情：「等我長大了，我要當一名海軍艦長；或者成為一個周遊世界的環球旅行家！」

他不但對自己的將來充滿了憧憬，而且還把書中的情景放在他的家庭和周圍，附近的每一座穀倉、教堂裡的每一塊石頭、教堂院子裡的每一寸土地，都與他書中的人物有某種聯繫，代表書中某個眾所周知的地點。

全家隨父住進負債監獄

1823 年 2 月，約翰接到調令，讓他去薩默特大樓任職。這個被酒精燒得神經已經有些麻木的人只長長地出了一口氣：「啊！這一下可把債主甩掉了。」

因為約翰是一個極願盛情款待朋友的人，但由於他熱衷於維持紳士的體面，妻子又不善理家，終於陷入了債務的泥潭。他每年二三百磅的薪水常常在領到之前，就已簽字償還給別人了。

由於生活拮据，一家人被迫遷居倫敦。查爾斯在年初的時候仍然留在了查塔姆，因為他這一個學期還沒有結束，但到學期一結束他也不得不到倫敦去了。

這次他們住進了卡姆登鎮赫姆街 16 號。

安置好之後，查爾斯百無聊賴地走上卡姆登鎮的街頭，漫無目的地邊走邊看：破舊簡陋的房屋，街上稀稀落落的人群，穿著破舊的衣服低著頭匆匆而過，他們都在因貧窮而奔忙。

當然，大街的盡頭有「紅帽子媽媽茶園」，附近不遠還有鄉間小道及喬克農場的幾個茶園，他只要走出家門就能看到綠樹成蔭的漢普斯特德山。但更多的是與這鄉間美景格格不入的情景。

查爾斯憂鬱的心情更增添了傷感：「這裡與查塔姆是多麼的不同啊，簡直就像是生活在兩個世界。」

查塔姆，他那神聖的故土，那裡到處都能看到海軍軍官，隨時都能感覺到莊嚴的氛圍。而到了這裡，是社會地位一落千丈的象徵。

環境的變化，並不是讓查爾斯感到心寒的唯一原因。

家裡現在唯一的僕人，是從查塔姆濟貧院雇的一個無父無母的小姑娘，當時他們家也只能雇得起這樣的人。

而一時無學可上的查爾斯，就責無旁貸地擔起了家裡的大部分體力重活。

雖然查爾斯當時只有 11 歲，但他不得不放棄交朋友的機會，放棄讀書的機會，把時間都用在照看弟弟妹妹、做家事和跑腿上，甚至還要替全家人擦皮鞋。

　　他整天低著頭忙，根本無人理睬他，他感到極端孤獨。他找不到年齡相仿的能說得上話的朋友，他不再有當初在學校學習時領受到的獲得進步和知識時的喜悅心情。

　　這天，一直死氣沉沉的家裡泛起了一陣快樂的波瀾。原來，查爾斯的姐姐芳妮考上了皇家音樂學院。

　　一家人為芳妮舉行送行晚宴，大家七嘴八舌地對芳妮表示祝賀：

　　「芳妮考上皇家音樂學院，為我們全家都爭了光，祝賀妳！」

　　「芳妮，千萬不能驕傲，要在學院取得更好成績才行啊！」

　　「芳妮，別光顧念書，一人在外要照顧好自己。」

　　「芳妮，這個機會來之不易，妳要好好珍惜啊！」

　　查爾斯沒有加入這場「念喜歌大賽」，他站在場外，心情落寞地看著即將離家遠行求學的姐姐。想到自己無人關心的處境，看著她在一家人的祝願聲中就要離去，心像被狠狠地捅了一下。

　　芳妮從面露喜色的家人的肩膀縫隙裡，感覺到了弟弟投射過來的孤獨傷感的目光。

　　她走到弟弟跟前，語重心長地叮囑他：「查爾斯，現在你的肩上扛著我們家的重擔，千萬要保重自己呀，我走了你就

是大哥哥，一定要幫媽媽照顧好弟弟妹妹們！」

查爾斯的雙手與姐姐緊緊地握在一起，他不敢與姐姐對視，因為隨著家境越來越貧困，他挑著這副重擔也感覺越來越吃力，尤其是不能像姐姐一樣去更高級的學府求學，他的心裡如同刀絞一般難受。

在約翰肆意的揮霍下，原來捉襟見肘的家幾乎已經一貧如洗了。倫敦對這個家庭並未有所偏愛，舊債未償清，新債又與日俱增，以致他們連食物都買不起，孩子們常常餓得哭叫不停。

芭羅面對著這絕望的困境，她思慮再三，向丈夫提出了一個可行的辦法：「親愛的，我發現這裡的人們普遍缺少文化，如果我們來辦一所女子學校，也許會對家庭經濟上有所幫助的。」

約翰現在一點轍也沒有，妻子這麼一說，他馬上就表示同意了。

查爾斯為了改善家庭現狀，積極地支持母親：「媽媽，我來負責廣告宣傳，我可以散發傳單。」

於是，他們在高爾街租了一所小房子，並製作了一塊銅牌掛在門前，銅牌上刻著：狄更斯太太·淑女學校。

查爾斯寫了厚厚的一沓傳單，他不辭辛苦地挨家挨戶去散發。發完後，就與母親一起耐心地等待著人們來報名。

　　但他們的心血白費了，雖然他們對一切都做好了準備，但好多天過去了，始終沒有一個人來學校報名，甚至那些下層人都顧不上來學校打聽一下。

　　芭羅絕望了，她流著淚對約翰說：「今天，肉店和麵包店都不肯再賒給我們東西了。」

　　約翰一籌莫展地嘆息說：「上帝啊，難道我們真的已經到了山窮水盡的地步了！」

　　1824 年初，約翰由於他無法償還欠下的巨額債務，最終被送入了馬西夏負債者監獄。

　　查爾斯眼睜睜地看著口裡吐著汙言穢語的債主們，一件件地把家裡的東西全都搬光了。轉過頭看著即將被帶走的父親，心在不停地往下沉，沉入深不見底的黑洞裡。

　　他希望父親臨別時能向他這個大兒子交代些什麼，因為當年父親對他是寄予了如此的厚望。

　　而約翰卻只仰頭向天，絕望地說了句：「我這輩子算完了！」這句話使得查爾斯感到心都碎了。

　　雖然父親斷送了一家人原本的幸福生活，雖然他不務正業，但想起早年父親對自己的喜愛和鼓勵，查爾斯還是決定去監獄看看他：他畢竟是自己的父親！

　　約翰見到兒子，悔恨與思念一起湧上他的心頭，他愧疚地抱住兒子：「查爾斯，爸爸對不起你，我的兒子，讓你受苦了。」

父子倆欷歔過一陣後，約翰對查爾斯說：「孩子，記住爸爸一句話，如果一個人一年賺 20 英鎊，而只花掉 19 英鎊，那他的生活還會是幸福的。但是如果花掉超過 20 英鎊，那他肯定會落入悲慘的境地。」

查爾斯來回奔走於父親和心煩意亂的家人之間，眼淚簌簌地流個不停，卻又要強制著自己不哭出聲來。

他常常光顧卡姆鎮的當鋪，頭一批賣掉的是他那些寶貝書籍，接著把火爐、瓷器、椅子等都送了進去。

一家人不得不睡在兩間沒有地毯的房間裡。

芭羅在高爾街「女子學校」堅持了一個半月，一天比一天更絕望。回來與查爾斯商量之後，決定全家都搬進馬西夏監獄。

這是馬西夏負債者監獄不同於別的監獄的地方，這裡的犯人可以為家人租房居住。

生活暫時又穩定了一段。債主們不再糾纏他們一家了，而且約翰還可以繼續從海軍軍需處每週領到 6 英鎊多的薪水。

但是，查爾斯與母親仍然整天愁眉不展。因為他們看不到希望，約翰作為一家的頂梁柱已經斷了，而一家人要到什麼時候才能搬離監獄呢？

打工賺錢減輕家庭負擔

　　查爾斯一家被生活所迫，一直住在馬西夏監獄裡。

　　忽然有一天，芭羅的親戚詹姆斯‧拉默特先生來到了他們家，查爾斯是認識他的，因為當年住在查塔姆和卡姆登鎮的時候，他們曾經住在一塊。

　　拉默特對狄更斯一家落魄到如此地步，不由得又生氣約翰，又可憐芭羅和孩子們。

　　拉默特拉著唯一支撐家庭的查爾斯的手，撫摩著他乾瘦的肩膀，轉過頭對約翰和芭羅說：「我倒有個想法，讓查爾斯到我那家黑鞋油作坊貨棧去工作吧，我每星期付給他6先令工錢。你們看好不好？」

　　夫妻倆喜出望外，他們忙不迭地答應了。因為家裡現在太需要錢了。

　　看到父母對拉默特千恩萬謝，查爾斯雖然心裡不情願，但也只好默認了。他在心裡感嘆命運對自己的不公：「本來以我的成績，可以順利地升入大學。但那也不會像每週收入6先令讓你們如此興奮。」

　　拉默特的作坊位於亨格福德碼頭，而貨棧就設在河岸上。貨棧裡到處都是破爛的雜物，腐爛木頭的氣味嗆得人頭腦發暈，大大小小的老鼠在它們的樂園裡嬉戲追逐著。

　　拉默特安排查爾斯在樓上工作。同時還有兩三個和他一

般大的孩子在樓下與他做同樣的工作，但拉默特給他們的錢比查爾斯還要低。

查爾斯就在這老鼠成災的貨棧裡做著他厭煩的工作。

有一天，查爾斯很晚才回到家裡。芭羅看著滿身疲憊的兒子，心疼地問：「查爾斯，你在貨棧怎麼樣？能撐得住嗎？」

查爾斯看著同樣疲憊的母親——他出去做工，家裡的活就全包給母親了。他不想讓母親知道他工作的地方骯髒而破爛，口氣輕鬆地對母親說：「媽媽，我在那裡很好，工作特別簡單，一點也不感覺累。」

他看著母親似乎不相信，就用手比畫著說：「我的工作是給一瓶瓶糊狀的黑鞋油封口，先蓋一層油紙，再蓋一層藍紙，用繩把這兩層紙在瓶口綁牢，然後把紙剪平，這瓶鞋油就像藥房裡賣出來的一瓶油膏一樣好看了。幾十個鞋油瓶都這樣完美地包裝好以後，我就在每個瓶子上貼一張印好的標籤，接著再去包裝別的瓶子。」

聽著他那輕鬆形象的描述，一家人都不由被逗笑了。

芭羅還是不太放心：「你這麼小就一個人出去做工，又時常犯病，要學著自己照顧自己，千萬記住不要和其他孩子打架。」

查爾斯輕鬆地對母親說：「這你就放心吧媽媽。我在一開始就認識了一個男孩，當時他穿著破圍裙，頭上戴著紙帽，

他到樓上來教我扎繩打結的竅門。他叫鮑勃·非勒，他比我大點。可笑的是，他竟然稱我『一位年輕的紳士』。」

約翰生性好客，他聽查爾斯說到這裡，不由得責備兒子：「既然有這麼好的朋友，為什麼不帶到家來讓我們都認識一下？」

查爾斯不好意思地搔了搔後腦勺：「他本來也說要來，但我沒讓。」

他看著爸爸媽媽臉上露出不高興的神態，又繼續說：「有一次我的老毛病又犯了，是鮑勃·非勒自始至終護理著我。當時我疼得難以忍受，他們在帳房間我平時休息的地方臨時找了些稻草，鋪了一張地鋪，而我則在地板上到處亂打滾。」

約翰和芭羅聽到這裡，都不由得緊張得大叫了一聲：「呀——」

查爾斯故作輕鬆地說：「不過很快就沒事了。鮑勃就把一些個空鞋油瓶灌了熱水，把它們輪番貼在我的脅下，弄了好半天。我好受些了，等到黃昏的時候就完全舒服了。我要獨自回家，鮑勃並不同意，一定要護送我回去。我不想讓他知道我們住在監獄的事，我幾次想擺脫他，但是鮑勃出於好心，對此毫不理會，於是我在靠近索思沃克橋薩裡那一邊的一幢房子的臺階上和他握手道別，為的是使他相信我就住在那裡。為了裝得逼真，防備他萬一回頭發現，我還敲了敲

門，當屋裡的女人開門時，我就問那裡是不是羅伯特·非勒先生的住宅。」

芭羅一邊聽兒子繪聲繪色地敘述著，一邊不停地抹著眼淚。而約翰則羞愧地低下了頭。

為了節省開支，查爾斯總是在監獄裡和家人一起吃早飯、晚飯，但中午飯卻沒有空回監獄去吃。當時那裡的午飯通常是一個麵包捲或一份布丁或麵包夾奶酪，有時難得會送上一杯啤酒。

有一回，他實在熬不住了，就來到德魯裡巷克萊爾小巷裡的一家牛肉館，要了一小盤牛肉來下飯。

當他吃得正香，忽然發現餐館裡的一個跑堂的和另一個夥計，就像看什麼新鮮事一樣，目不轉睛地盯著他看。

還有一次，他豁出去了，走進威斯敏斯特議會街上的一家小酒店，挺直了胸板，像一個大人一樣對老闆開口說：「你們這裡最好的淡色啤酒多少錢一杯？要最好的。」

老闆告訴他：「兩便士一杯。」

他豪爽地說：「那麼就請給我來一杯吧，倒得滿一點！」

老闆完全被這個「年輕的紳士」給鎮住了，他給了查爾斯一杯淡色啤酒，然後悄悄把老闆娘叫了出來，他們向這位「年輕的紳士」問了幾個問題，而對方的回答讓他們不知所云，老闆娘激動地上前吻了他一下。

但是，這種「聊發少年狂」的事，對查爾斯而言，是難得有足夠的錢來如此奢侈一次的。

查爾斯對週末充滿著期待，因為每當這天，他就會往口袋裡裝進 6 先令。他在回家的路上，可以向沿途的商店、書店裡張望一下，有時還能買一塊有點變味的低價點心犒勞一下自己。

可是這微薄的收入對於這個破產的家庭來說，不過是杯水車薪。

但是，查爾斯不僅要以驚人的意志承受一個幼弱身體所無法承受的勞累與折磨，還要以最大的毅力承受一顆稚嫩心靈所難以承受的冷酷與侮辱。

儘管生活是悲慘和淒涼的，但查爾斯對人間眾生相的觀察興趣卻從來也沒有減弱過。他依然對這種觀察充滿了好奇。

每天晚上，回到馬西夏時，總是很高興地聽母親講她所知道的有關監獄中的各種見聞，以及裡面各色負債人的來歷。

而自己也把沿途經過的倫敦塔、泰晤士河以及監獄附近的建築物，編成一個個稀奇古怪的精彩故事講給一家人聽。

學業成績優異

查爾斯在貨棧做工，而芳妮卻在皇家音樂學院取得了可喜的成績，家裡人有時會去觀看她在學院集資的場面。而這更刺激了好學的查爾斯。

查爾斯每當想到自己不可能去憑學習獲得這些成功和榮譽時，他的眼中就溢滿了淚水，他感到心在陣陣絞痛，他每個晚上都在祈禱：上帝啊，趕快把我從所處的屈辱和低賤中解救出來吧！

不久，他的祈禱就奏效了。

1824 年 4 月，查爾斯的祖母去世，約翰由此繼承了 250 英鎊的遺產。

約翰的兄弟們又湊了些錢，幫他還清了債務，他終於被釋放了。

脫離了馬西夏監獄，一家人又住回到了卡姆登鎮。

其間，那黑鞋油作坊已經搬到了離錢多斯街和德福德街交叉路口很近的一條街上。

老闆看到查爾斯已經做得非常熟練了，為了工作時光線更好些，就安排他和其他孩子們一塊在臨街的窗口處工作。這樣就完全暴露在行人的視線之下了。當地的小姑娘、小男孩一邊吃著果醬蛋糕，一邊把鼻子壓在玻璃上看他工作。

這對查爾斯是一段屈辱的日子，他永遠也不會忘記所受到的傷害，他覺得這樣的生活太不公平了。從這個時候起，他心中產生了對兒童的憐憫心和任何人也不能像兒童那樣受苦的想法。

約翰出獄之後，就想到兒子工作的地方去看看。這一天，他來到了貨棧。

當他看到心愛的兒子和幾個貧窮的孩子竟然在過街行人的視線之下做這種活，簡直是露醜，心裡不由得又生氣又難過。

在這種心理衝動之下，約翰給拉默特寫了一封口氣非常無禮的信，質問他：「為什麼要讓查爾斯在這麼寒酸的地方做這麼艱苦的工作！」

拉默特看了之後一下就火了：「當初是為了可憐你們家才這麼做的。這個混蛋，自己游手好閒把家庭弄成這樣，還嫌我讓他的兒子做不體面、不輕鬆的工作。現在，就算查爾斯做得再好，我也不用他了。」

查爾斯被突然解僱了，他有點傷心，一方面是因為這太突然了；另一方面，雖然拉默特對查爾斯一直很好，但一說起約翰來就暴跳如雷。

但同時，查爾斯也有一種如釋重負的寬慰感。

芭羅對約翰如此對待拉默特極為不滿：「這幾年，我一直都為家庭累死累活地工作，但我從沒有抱怨過。現在你把查

爾斯的工作搞砸了，那我們的生活靠什麼來維持？我去找拉默特說說，讓查爾斯再回去。」

芭羅是這麼說的，也是這麼做的，她第二天就去了，並帶回了要查爾斯明天早晨回去上班的口信，並說別人對查爾斯的印象很好，都歡迎他回去。

約翰這時卻堅持說：「千萬不能讓查爾斯再回去了，他應該再去上學，他已經 12 歲了，要不然就過年齡了。」

查爾斯雖然一直記恨父親的不務正業，但在這一刻，他突然就原諒了他。同時，即使在這樣的環境裡，查爾斯也絲毫沒有減退追求知識的渴望。他堅決地對母親說：「媽媽，回到黑鞋油貨棧去簡直就是回到無邊的苦海和絕望之中。我再也不回那裡去了！」

1824 年年底，約翰提前從海軍軍需處退休，每年有 145 英鎊的退休金。而且靠著一位親戚的力量，他不久就被任命為一家報紙在議會中的採訪員。

而 1825 年年底，查爾斯則成為了漢普斯特德路韋林頓寄宿學校的學生。

這兩年多的時間，是查爾斯十分快樂的歲月。他經常給父親帶來在學校發生的一些笑話：

「我們學校的老師個個都博學多才，但校長瓊斯先生——我們學生們都稱呼他『老大』，並不是一個高明的

教師，他愚昧而野蠻，常常體罰甚至毒打學生。其實他根本對什麼都一竅不通。但他對法文教員總是彬彬有禮，生怕得罪了人家，因為假如『老大』冒犯了他，他就馬上用法語對『老大』講話，老是使『老大』在孩子們面前因無法聽懂或無法回答而尷尬萬分，我們看著他那瞠目結舌的窘相都忍不住想笑。」

查爾斯在學校裡學習很好，他在那裡開始接受他一生中最後兩年的學校教育，他學習了英文、舞蹈、拉丁文、數學。他曾多次受到獎勵，成為資優生。

現在，查爾斯已經是一個相貌堂堂、頭髮捲曲、聰明伶俐的小夥子了，他神采飛揚、親切可愛，很討人喜歡。

查爾斯對當時剛剛出版的一種雜誌很感興趣，於是和另一個孩子一起出了一種週報，寫在練習本的殘頁上。誰想借閱，就要用彈子、石筆來當閱讀費。石筆是學校裡的主要貨幣。

查爾斯還編寫並演出了一些劇本，其中之一是用無韻詩體寫作的，講的是一些純虛構的東西；他還專心投入於訓練一隻小白鼠；他還成了使用成年人全然不懂的古怪語言的製造專家。

查爾斯常常欣慰地想：「雖然學校的課程有些很枯燥，但日子過得還算快樂，總之要比那黏貼鞋油標籤的日子要快活得多！」

闖蕩社會

最難得的是，自從烏雲罩在我頭上以來，你守著我，
反而比從前紅日高照的時候更加盡心了，這是最難
得的。

—— 狄更斯

初次工作感受社會現象

1827 年年初,查爾斯‧狄更斯雖然只有 15 歲,但他已經離開學校走上了社會。

回想起兒時的事情,狄更斯真有恍如隔世之感。每當回憶那些往事,他總是會不由得感嘆:「它們真是妙不可言,兒時的想像又給它們塗上一層比彩虹更加絢麗的色彩,簡直就像瞬息即逝的幻影。」

剛開始,狄更斯進入了西蒙茲旅館一家律師事務所裡,做了幾個星期的櫃檯。在那裡,他認識了托馬斯‧米頓,兩個人從此結下了終生的友誼。

當年 5 月,芭羅方面的親戚再一次幫了她家的忙,把狄更斯轉到了格雷斯旅館一家由埃利斯和布萊克默聯營的律師事務所。狄更斯在該公司所在地雷蒙德大廈 1 號工作了一年半時間,確切地說,仍然是一個坐櫃檯的。但這期間,他的薪酬從每星期 13 先令增加到了每星期 15 先令。

其實格雷斯旅館的條件極其惡劣,那些房間裡布滿了灰塵和蜘蛛網,到處都爬滿了跳蚤和臭蟲。

狄更斯有時會跟他的朋友們開玩笑地說:「我只要在任何一件家具上靠上幾分鐘,就可以把我的全身的體態精確地印在上面。如果我是一位作家的話,這就是我最早的出版物。」

他常常這樣,頑皮地把自己的身體印遍好幾個房間。

　　朋友們每每被他逗得開懷大笑：「狄更斯，你在成為作家之前，首先是一個出色的創造家。」

　　狄更斯說：「這種聊以自娛的影印，是最直接最好懂的出版物。」

　　只要口袋裡有錢，狄更斯就會經常和一個與他同年的男孩在倫敦街上閒逛，一起去低價戲院看戲，一起去喝啤酒。回來之後，他還能唯妙唯肖地模仿戲中的角色，引起小屋裡一陣陣熱烈的掌聲和歡笑聲。

　　而口袋裡空空的時候，他們也會一起找樂子尋開心，而且他覺得周圍的一切都特別有趣，很有看頭，他在閒逛時，會把一路上各種各樣的人都記在心裡，回到事務所就繪聲繪色地表演給大家看。而他經常描述的，就是七岔口那個充滿了幽默的場所。

　　事務所裡的同事們都調侃地說：「看狄更斯的表演，比去劇院看一場戲一點都不遜色。而且，還有一個好處就是不用付給狄更斯出場費，他是一個如此幽默有趣的小夥計！」

　　對於未來會成為作家的狄更斯來說，事務所裡的工作對他真是大有裨益的。許多到這裡來洽談訴訟業務的怪人怪事，都給他留下了極其深刻的印象，也成了他後來小說的極好素材。任何一個當班的職員從鎖孔裡偷聽到的律師的機密談話，都會在外面的職員辦公室裡廣為傳播。

　　狄更斯在這裡不僅學到不少法律知識，更鍛鍊了他的深入觀察能力和獨立思考能力。

　　他現在還是和自己的家人們住在一起，他們已經搬到薩默斯鎮了。狄更斯這時開始羨慕父親議會記者的職業。

　　「爸爸，我真羨慕你能經常去聽那些大人物演講，肯定比我這樣一天天抄抄寫寫的事更有意思。」

　　「也許按你想的是這麼回事，但什麼工作都必須要付出努力，什麼事要做到最好，必須要有持之以恆的毅力。你看著我坐在那裡，哪裡是清閒地聽他們演講，我必須掌握速記方法，把這些話都記下來。這可不是一件輕鬆的事。」

　　受到父親的鼓勵，狄更斯下決心掌握速記這項技能，他渴望能成為父親那樣的記者，從而也謀求到議院採訪記者的差事，並進一步打開通往新聞界的道路。

　　於是，狄更斯捧著格尼編寫的速記課本，潛心鑽研把英文字母寫得比方塊漢字更難懂的學問。這件事說起來容易，但做起來卻絕非易事。

　　甚至他學得入了迷，在夢裡見到的都是那些曲曲彎彎的線條，他自己描述說：「夢裡，那些圈圈點點的符號，有的像蜘蛛網，有的像煙火，還有的像蒼蠅腳，我都真快被弄糊塗了。」

　　他這樣苦心鑽研，功夫不負有心人，一年半後，他的速記水準就大有長進了。

這時，17 歲的狄更斯終於離開了律師事務所，進入薩默斯鎮的倫敦博士民事法院作審案記錄員，一邊在工作中錘鍊技能，一邊等待時機，一展身手。

博士民事法院在辦的都是家庭日後歸遺囑檢驗法庭受理的案件，是由本法院出庭辯護的律師們組成的同行業分會。

在這裡，熱戀的情人可以獲得他們的結婚許可，變心的夫婦則在這裡得到離婚的許可。這裡檢驗、註冊人們所立下的關於自己財產的遺囑，還負責處罰在慌亂中對女士們出言不遜的紳士先生們。

但很快，狄更斯就第一次發現了英國法律的不合理性和荒謬性，因為這些法官還同時處理航海和宗教方面的案件。他很是迷惑不解：為什麼這些精通戒律的神職人員會被奉為航海事務方面的專家呢？於是，他此後就一直注意這些事情。

狄更斯敏銳地觀察到，那些法官和律師們善於裝腔作勢，而那些證人們則表現出人性中的許多虛榮多變的劣性。

他出入於監獄和法院，親眼看到了無休止的訟訴使不少人傾家蕩產，看到了各種人不同的臉譜；他到處送信，走遍了倫敦各條街道，因而對它的神祕與幽美獲得了極其豐富的感受。

狄更斯就在這種觀察的樂趣中度過了 3 年，由於他在大英博物館勤奮閱讀，所受的教育也比較完善了。但他一直嚮往登臺演出的粉墨生活，所以他拜了專業演員為師，跟他學習朗誦、走臺步，學會了不少角色的戲。

當狄更斯一個人的時候，他常常好幾個小時對著鏡子練習舞臺上的起坐進退、舉手投足、鞠躬致敬的姿勢，扮演各種表示輕蔑、迷戀、愛慕、憎恨、渴望、失望的表情。

後來，狄更斯向科文特萊市劇院申請謀職，劇院決定面試後再行錄用。

但到了面試的那天，狄更斯卻因病不能前去面試。而當下一個演出季節開始時，狄更斯已經作為一個議會採訪記者而嶄露頭角了，因此他就放棄了獻身舞臺的打算，全身心地投入到了記者工作中。

難以忘記的初戀

1829 年左右，狄更斯一家的生活已經完全擺脫了困境，逐漸好轉。

約翰除了退休金之外，還因為在報社供職也有另外一份收入，再加上狄更斯的收入，家裡的生活就寬鬆多了，也開始過上了不錯的生活。

這樣一來，芳妮就有能力把音樂學院的同學們邀請到家裡來開舞會了。這些年輕人在一起高聲歌唱，非常熱鬧。

生性喜歡表演的狄更斯很快就融入了這個同齡人的樂園中，他的表演也給聚會增添了愉快歡欣的氣氛。

芳妮向同學們熱情地介紹了他的弟弟。這裡有一個年輕

的歌手主動走上前來與狄更斯握手：「嘿，你好，我叫亨利·科爾！」

狄更斯很快就與科爾成為了好朋友。科爾是銀行家比德奈爾的女兒的未婚夫，他熱情地邀請狄更斯到隆巴德街比德奈爾的家裡去做客。

科爾把狄更斯介紹給未來的岳父一家：「我向大家介紹一下我的新朋友，是我同學芳妮·狄更斯的弟弟查爾斯·狄更斯。」

狄更斯也彬彬有禮地與大家微笑致意，並一一握手。

這時，一個姑娘銀鈴般的聲音響起在狄更斯耳畔：「你好，狄更斯先生！」

狄更斯注目一看，立刻被面前這位漂亮而高傲的姑娘吸引住了。

原來，比德奈爾有3個女兒，都是學音樂的，而與狄更斯打招呼的這個就是他最小的女兒瑪麗亞，是彈豎琴的。

狄更斯那一刹那恍如夢中，他愣了好半天才回過神來，原本伶牙俐齒的他竟然有些語無倫次了。他在心裡叫著自己：「查爾斯，你這次死定了，你被丘比特的神箭射中了，這也許就是愛情！唉，我竟然一下就身不由己地愛上了她！」

這種吸引，促使狄更斯從此頻繁出入比德奈爾的家。

但是，這只不過是狄更斯一相情願罷了，瑪麗亞是一個

傲慢而又愛慕虛榮的女孩，儘管狄更斯也是一個出色的小夥子，歌聲悅耳，外表英俊，而且看得出是真心地愛慕她。但她顯然沒有考慮會與一個毫無前途的速記員結婚。

在瑪麗亞的心目中，只有在城裡有地位、有前途的人，才是她的理想伴侶。而她對狄更斯賣弄風情，引得這個情竇初開的年輕人神魂顛倒，只是為了取樂而已。

瑪麗亞以此為樂，但狄更斯很長一段時間卻以為自己得到了她的垂青，於是他以前所未有的熱情投入工作，同時勾勒著美好的愛情前景：「我們兩家的家庭地位不同。我一定要努力工作，改變自己低下的社會地位，為她營造一個『安樂窩』，要爭取一筆有保證的收入。」

顯然，狄更斯已經陷入了不能自拔的單相思之中。可以說，狄更斯在為改變自己的貧窮和默默無聞的處境而奮鬥的時候，有一個信念給他力量，那就是對瑪麗亞的思念。

如果有人當著他的面提到瑪麗亞的名字，或是有人彈起豎琴，甚至有人像瑪麗亞一樣皺一皺眉頭，都會在狄更斯的心海中激起狂濤。

而瑪麗亞對他，卻一下情意熱切，溫柔和順，一下又冷若冰霜，拒入門外，有時為了惹惱狄更斯，她故意向另一位獻殷勤的男士頻送秋波。而有時候卻又向狄更斯表示閒暇，目的當然也是為了刺激另外一個獻殷勤者。

　　當然，他們也有過美好的時光，瑪麗亞曾請狄更斯為她挑選過一副藍色的手套，狄更斯一直清晰地記得這副手套的花樣和色彩。瑪麗亞和她的母親上服裝店購買衣服，狄更斯在康希爾街上正好碰見她們，於是狄更斯就一直陪她們走到位於瑪麗‧阿克斯街上的服裝店門口。

　　很多次，狄更斯於凌晨以後結束了眾議院的採訪後，總要到隆巴德街去轉一轉，其目的只是為了能看一眼瑪麗亞睡覺的那幢房子，他的腦海裡湧現著古怪的想法：

　　「啊，即使就這樣看一看她房間的窗口，也是一種幸福啊！」

面對失戀挫折

　　瑪麗亞比狄更斯大三四歲，她的樣子已經使狄更斯為之神魂顛倒。他腦子裡一直盤旋著一場假想的和她母親商討他們婚事的談話。

　　但狄更斯真不知道自己能否贏得瑪麗亞的芳心，看到她笑臉相迎他會喜出望外，而看到她冷若冰霜又會使他萬分苦惱。

　　狄更斯給瑪麗亞精於盤算的母親寫過不少向她女兒求婚的信，但卻最終都沒有寄出去，寫完後就又撕掉了，他在開頭是這樣寫的：

尊敬的太太，一位太太如果具備了您那樣的洞察力，並且像您一樣充滿了女人對年輕和熱情的人的同情之心。這種同情心是如此強烈，誰再對它懷疑就是褻瀆。她就絕不會不發現：我已經深深地愛上了您的迷人的女兒，並已決定把我的一切都奉獻給她。

但等他的頭腦比較冷靜的時候，卻又用另一種開頭寫道：

請寬恕我，親愛的太太，請寬恕一個不幸的人，他在下面對您所作的坦白將完全出乎您的意料而令您驚駭萬分。不過我請求您一旦了解了他那膽大妄為的非分之想後，就把此信付之一炬。

狄更斯無法給瑪麗亞的母親寄出他的探詢信，只好給她的姐姐芳妮寫了一封信，詢問自己是否有成功的可能。

芳妮給他回了一封簡短的信，狄更斯捧著來信，心裡又激動又不安，他實在猜不透會得到怎樣的答覆：

親愛的查爾斯，說實在的，我對瑪麗亞這個人真的摸不透，我可不敢說她究竟對誰中意。

狄更斯這種希望和絕望並存的日子，直到他 21 歲生日的時候才正式宣告結束。

這時，狄更斯一家已經從薩默斯鎮搬到馬格雷特街 70 號，接著又搬到卡文迪什廣場附近的本廷克街 18 號了，每次搬家都是由於家庭條件的不斷改善。

　　狄更斯要在自己 21 歲生日這天，舉辦一個隆重的生日宴會，他決定在這次宴會上親自向瑪麗亞小姐求婚。

　　生日當天，狄更斯找了一個同事頂替他到下議院去採訪，自己則在家裡全力操辦這個宴會。

　　一應物件他都租賃了最好的，宴席上的侍從也都是從高級場所請來的。他要讓瑪麗亞被這隆重的場合而震驚，從而在愉快幸福的心情下答應他的求婚。

　　熱情服務的侍從，設備高檔的餐具，再加上打扮得漂亮而高貴的瑪麗亞，讓狄更斯的生日宴會開得非常成功。客人們開懷暢飲，非常熱鬧。

　　當酒過三巡、菜過五味之後，餐桌上已經杯盤狼藉的時候，狄更斯把瑪麗亞 ── 她當時像仙女一樣脈脈含情 ── 拉到門後，對她傾訴了衷腸：「親愛的瑪麗亞，希望你能感受到這麼長時間以來，我對你的一片痴情，但願你能接受我的愛情！」

　　瑪麗亞含笑注視著滿臉飽含神聖深情的狄更斯，聽著他用顫抖的聲音說完他的愛情宣言。她輕啟朱唇，只吐出一個字：

　　「不！」

　　這個字對狄更斯當時不亞於「當頭一棒」，呆呆地立在那裡，久久說不出話來。

但瑪麗亞卻翩翩轉身，輕盈地離去了。

經過長時間的痛苦的內心抗爭之後，狄更斯理智地接受了他夭折的初戀，他把瑪麗亞給他的信件用藍綢帶捆成一紮，寄還給她，並且附了一封信：

> 我們近來的每一次見面，一方面，無非是一次又一次地表現了您的冷漠無情，另一方面，徒然使我增添了無窮的苦惱和悲傷。
>
> 自我們相識以來，我忍受痛苦和絕望的折磨實在太久。現在，感謝上帝，我感到我可以毫無愧色地對自己說，在我們倆人的交往中，我的所作所為是正當的、理智的、高尚的。當大家一下對我恩寵有加，一下態度又完全變了的時候，我都始終如一。
>
> 如果有朝一日我能知道您，我的第一個，也是最後一個情人很幸福的話，那麼，請您相信，世上沒有什麼消息比這更使我高興。

但是，瑪麗亞卻只給狄更斯回了一封刻薄而冰冷的簡訊。

1833 年 5 月 19 日，當狄更斯的朋友科爾與瑪麗亞的姐姐結婚時，狄更斯最後一次致函瑪麗亞：

> 我向您保證，我要盡一個人所能盡的最大努力，堅毅頑強、百折不撓地為自己開拓道路。我過去已經這樣做了，今後還得這樣做。

從此，狄更斯便與瑪麗亞各奔前程。

狄更斯珍貴的感情遭到了輕浮女子的玩弄，他的心靈又刻上一道傷痕。這件事對他的影響非常大，以致使他輕蔑現實中的女子而愛好幻想中的「仙女」。這種仙女，是被狄更斯完全理想化了的，她們那樣可愛而忠實，盡善盡美而沒有一點瑕疵，後來，她們在他的作品中不斷出現了。

但狄更斯是人生道路上不堪落伍的進擊者，各種挫折反而堅定了他的意志。這時候，記者的收入已經可以維持他獨身生活了，於是他開始了文學創作。

迷戀文學創作

1832 年，狄更斯成為採訪下議院的一名記者，正式進入新聞界。

這使他有機會奔波於城鄉之間，更廣泛地熟悉了英國社會各方面的生活，特別是看到了上層社會中各種齷齪的行為，看到了議會裡各種陰暗活動和大人物們醜惡的靈魂。他對這些懷著越來越深的憎惡。

他當了 6 個月的晚報新聞記者之後，又在他舅舅經辦的《議會之鏡報》中謀得了一個職位，並且還要處理《真實太陽報》中的議會稿件。

狄更斯立刻以其迅速、準確的新聞報導在報界嶄露頭角

了。所以，他的舅舅為他的表現深為欣慰，他讚賞地對狄更斯說：「查爾斯，沒想到你會如此勤奮地工作，而且你的才思是如此敏捷。」

狄更斯這時已經表現得謙虛而沉穩：「舅舅，謝謝您對我的信任和誇獎。我會更加努力工作的。」

舅舅滿意地笑了：「好啊！查爾斯。」然後，他又對狄更斯說：「很好！我打算最近領你去見一個人，會對你大有益處的。」

狄更斯好奇地追問：「舅舅，是誰啊？」

「他就是《時事晨報》的業主。」

果然，這次見面使狄更斯成為這家報紙的撰稿人，並得到每週 5 基尼的薪酬。不久人們就看到狄更斯戴上了新帽子，穿著黑天鵝絨鑲邊的藍外衣，像西班牙人那樣披在肩上，以及其他很招搖的服裝，到處走動了。

但是，議會記者的生活卻並不是自由自在的。他不得不耐著性子記下政客們空洞乏味的發言。此外，議會大廳供記者坐的後排旁聽席又擁擠得很，那裡光線昏暗、又悶熱又混亂，極不舒適，到處都充斥著汗味和臭氣，長時間保持著一個姿勢，讓人渾身都麻木了，但要換另一個姿勢，卻更讓人難受。

有時別人的腳可能會踩在他的腳上，而他的腳卻又可能踩在另外的人腳上，其實踩人的和挨踩的都不舒服。

　　1834 年秋，下議院發生了火災，議員們臨時在上議院開會。這樣一來，原來還勉強能坐著寫東西，而這次卻只能站著記了。這讓狄更斯越來越厭煩這個職業了。

　　儘管如此，狄更斯還是交了一個好朋友托馬斯·比爾德，他們的友誼保持了一生。

　　而議會休會時的工作，則讓狄更斯覺得有趣得多。這時，狄更斯要去外地採訪部長們演說的消息，報導競選的進展情況以及像這次火災等人們感興趣的事，以便能為《時事晨報》發稿。

　　對狄更斯來說，這種採訪一些聳人聽聞的事的確是緊張工作間隙的一大樂事。

　　驛車在白天每停一站，他都能見到一群滑稽可笑的人物；而晚上也總有一些讓人激動的事情發生。

　　狄更斯搭上順路的郵遞馬車，馬車以每小時 15 英里的速度在鄉間疾馳。有時會發生一些意想不到的事故，比如某個零件壞了，車輪突然飛了，甚至馬車一下翻了個底朝天。每當馬仰車翻時，馬兒聲嘶力竭，而趕車的卻醉得不省人事，這樣驚險離奇的事真是層出不窮。

　　路上發生的這一切，都給狄更斯平淡的生活增添了不少樂趣，而且也為他提供了豐富的寫作素材。

　　但是，狄更斯晚上的寫作條件是相當艱苦的：僅僅在一

支搖曳的蠟燭或是一盞昏暗的油燈的照明下，耳邊是人們嘈雜的喊叫聲，不時還傳來馬兒的嘶鳴。而這時，他還要忍受著劇烈的顛簸震盪，努力保持著身體的平衡，拿出超常的耐心和毅力，展示自己的創造才能，把速記的稿件寫成正式的稿件。

狄更斯對這種類似於冒險旅程中的寫作方式像著了迷一樣，他在這種對混亂的競選採訪和不安危險的旅途奔波中，反而更能激發出超強的能力，報導得更詳細，而且比其他記者能更早地發給自己的報紙。

身邊的工作人員都發自內心地感慨說：「查爾斯真是個責任心強的年輕人啊！」、「查爾斯真是個難得的好記者啊！」

於是，狄更斯成為部長或政界要人在外省做重要演講時，報社派出的最佳人選。

1834 年 9 月，狄更斯趕到愛丁堡，描述了格雷伯爵在卡爾頓山上的高等學校操場上，接受該城授予的榮譽市民時的盛況。

同年 11 月，狄更斯出現在伯明罕……

1835 年 1 月，狄更斯開始一路趕赴伊普斯威切、薩德伯裡和切爾姆斯福德，採訪競選消息。他曾親自駕著兩輪馬車來回奔波於布雷恩特裡和切爾姆斯福德之間。

5 月，狄更斯趕往埃克塞特，去報導約翰·拉塞爾勳爵的演說。當時集會是冒雨進行的，回來以後他就得了輕度風濕

病，耳朵一點也聽不見響聲了，直至好多天之後才好轉。

過了幾個月，狄更斯又趕往布里斯托爾，去聽拉塞爾勛爵的另一場演說，為了寫一篇私人通訊，他還在紐伯裡的「喬治和塘鵝」酒館逗留了一下。

他整天都忙忙碌碌、輾轉於地圖、交通指南、馬車之間，有時一天竟然跑了 24 英里。

狄更斯已經沒有一時的閒暇時間了，他終日疲於奔命。靠著他和比爾德的共同努力，再加上一輛四輪馬車、幾匹勤奮的馬兒，終於以布里斯托爾會議和巴思的一次公眾宴會的報導擊敗了其他報紙的競爭對手。

這時，狄更斯已經在法律界和新聞界闖蕩了好幾年了，他對生活已經有了更深的理解，對社會和人性也有了一定的理解和判斷。他終於走上了創作新起點。

《隨筆》鞭撻社會

1833 年的一個秋夜，狄更斯走在艦隊街上，他突然拐進了約翰遜巷，把一份稿件塞進了《月刊》雜誌的信箱裡。

原來，狄更斯以現實生活為素材，寫了一篇文章，標題為〈白楊莊晚宴〉。他由於追求瑪麗亞遭了慘敗，就以寫作來沖散心中的悲苦，這時他心裡忐忑不安地想：「不知道這篇文章能否被發表？」

後來，這篇文章發表在《月刊》的 12 月號上。

狄更斯聽到這一消息後，激動得難以言表，他來到威斯敏斯特會堂，在那裡躲了整整半個小時，由於難以按捺住自己的興奮和得意，他的眼滿是淚水。他很想找個人與他分享這份快樂，但他這時卻不想見街上的行人，因為這種樣子給人看到不太合適。

後來，他找到了自己的好朋友歌手亨利·科爾。在給科爾寫信時，狄更斯的手直發抖，以致寫的字他自己都分不清。

科爾接到信後馬上來找狄更斯，他緊緊地擁抱著他在初戀中失意的朋友：「狄更斯，我真為你高興！作為好朋友，我真誠地向你表示祝賀！」

《月刊》雜誌的編輯回了一封信給狄更斯，明確地向他說明：

> 親愛的狄更斯先生，我們很欣賞你的文章。但是有一點我們必須明確告訴你，我們不會付與您任何稿酬，為我們雜誌撰稿是件有名而無利的工作。

這封信並沒有對狄更斯的創作熱情產生影響，他仍然一篇篇地把自己的隨筆寄去。

起初，這些隨筆發表時都是不署名的，後來，隨著發表的文章越來越多，狄更斯在高興之餘也感覺有點遺憾：「文

章不署名，總覺得好像缺點什麼似的，我應該為自己取個筆名。嗯，起什麼名好呢？對了，我最愛小弟弟博茲了，原來我給他取了個綽號叫摩西，但這個名字用鼻音念就可笑地成了博塞茲，去掉中間那個音，就叫博茲了。」

於是從 1834 年 8 月開始，狄更斯的隨筆用上了「博茲」這個筆名。

博茲的隨筆很快就引起了人們的注意，在社會上產生了強烈反響。其中有一篇還被某個演員改編成了滑稽劇，並搬上了阿德爾菲劇院的舞臺。

同時，一些報刊全文轉載了這些隨筆，並且大加褒揚。狄更斯雖然備受讚譽，但依然沒有得到任何報酬。這時，他開始覺得有必要從這些虛名中走出來，而要求得到一定的稿酬了。

他同意《時事晨報》無償登載他的幾篇隨筆；但是當這家公司創辦了《時事晚報》時，他就給編輯喬治‧霍格思寫信要求加薪：

名譽固然重要，但創作的酬勞也應該獲取，我相信，
我的要求是合理而不過分的。

而他們也果然給狄更斯增加了薪水，他的工資從每週 5 基尼增加到了每週 7 基尼。

於是他開始為晨報寫連載作品，取材多是鄉村生活與倫敦生活。他把霧都奇異的詩意表現得那樣生動具體，使讀者

感到異常親切。另外，狄更斯由於這些隨筆，他已經在倫敦的文化界小有名氣了，一些名人開始主動與他結交。

第一個是比狄更斯大 7 歲的英國小說家哈里森‧安斯沃思。1834 年，他的長篇小說《魯克伍德》在社會上產生不小的轟動。

安斯沃思與狄更斯相見恨晚，很快就成為知心朋友。安斯沃思在肯塞爾‧洛奇有一座別墅，他經常在那裡舉行星期舞會，他邀請狄更斯前去。

狄更斯高興地答應了：「親愛的安斯沃思先生，我正好也很喜歡跳舞。」

狄更斯在舞會上結交了很多圈裡的朋友，特別是有朋友介紹他結識了出版家約翰‧麥克隆。

麥克隆對「博茲」的隨筆極為推崇，他握住狄更斯的手，熱情地說：「早就拜讀過博茲的隨筆了，文章寫得如此成熟和老辣，沒想到他竟然是個玉樹臨風的英俊青年，真讓人佩服！」

狄更斯激動地擁抱了這位出版界的前輩：「麥克隆先生，很幸運能夠結識到您。我非常渴望能與您合作。」

1836 年，在麥克隆的幫助下，狄更斯出版了他的第一部二卷本隨筆集 ——《狄更斯隨筆集》，由英國著名插圖畫家和漫畫家克魯克香克為該書作為插圖。

第二年，又出版了一部一卷本的《狄更斯隨筆集》。

雖然當狄更斯開始撰寫《博茲隨筆》時，還只有 21 歲，但是這些隨筆已經足以顯示，他已是一位世態人情的縝密的觀察家了，而且他以後蜚聲文壇的那種幽默才華，也在這裡有所展現。

追求美好愛情

狄更斯在撰寫隨筆的那段時間，一直過著遊牧民族一般的生活。

他在河濱路的塞西爾街租了一套房子，但是那裡的人服務很差，尤其他們的邋遢讓狄更斯受不了。然後他又與家人一起在瑪格麗特街住了一段時間，之後又搬到了菲茨羅伊街和本廷街。

在本廷街居住的時候，狄更斯為了自己和親友們能夠生活得更快樂，他舉行過許多次家庭演出。

而狄更斯還喜歡邀請科爾到倫敦北區去，因為他喜歡到柯林斯農場去消遣，一玩就是一兩天。每天他們 7 時起床，然後就騎著馬在農場裡閒逛。

這期間，狄更斯與《時事晚報》的編輯喬治·霍格思建立了深厚的友誼，霍格思是蘇格蘭人，他發表了一組狄更斯的隨筆。他還經常邀請狄更斯到他家裡做客。

很快，霍格思的太太和她的三個女兒就與狄更斯相處得很熟了。他們都非常喜歡這個外表英俊、性格活潑的小夥子，因為他能唱許多滑稽歌曲而且一肚子迷人故事，時不時還能變幾個小魔術。

有一個夏夜，霍格思一家用過晚餐正坐在客廳裡坐著說閒話。

突然，從花園走過一個水手打扮的人，他穿過客廳的落地長窗跳了進來，他吹著口哨為自己伴奏，一邊跳起了歡快的水手舞。

霍格思的小女兒驚訝地大叫：「媽媽，這是誰啊？」

霍格思太太只是覺得這個人很面熟，但由於他是這身打扮，一時又想不出是誰：「您是……」

水手跳罷一曲，逕自翻牆離去，霍格思一家面面相覷，不知所措。

幾分鐘以後，有人敲響了正門。

霍格思示意家裡人不要在意剛才發生的一幕，然後若無其事地開門迎接客人。

門外走進來狄更斯，他穿著平時的衣著，神色端莊，彬彬有禮地和各位握手問好：「您好！大家好！」

霍格思熱情地歡迎狄更斯：「哦，狄更斯先生，您好，快請坐吧！」

狄更斯正襟危坐，神色嚴肅而若無其事。

但過了一會，狄更斯發現一家人正若有所思地盯著他，終於忍俊不禁開懷大笑起來。

一家人指著哈哈大笑的狄更斯，終於恍然大悟：「噢！原來剛才那個水手就是你啊！」

狄更斯開朗的性格和儒雅的風度，漸漸征服了霍格思一家，而且，他也漸漸愛上了霍格思的大女兒凱特。

凱特是一個漂亮、溫柔而文靜的姑娘，深藍色的眼睛就像盛滿了純淨的海水，小鼻子向上翹著，寬闊的額頭，柔滑的下巴，未開口先帶著滿臉的笑意。

她體態豐滿，行動起來，好像永遠帶著一股讓人沉迷的淡淡的懶散之意，但是仍然不失清新豔麗。

狄更斯被凱特深深地吸引了，而凱特也為他的痴情而感動，他們不知不覺雙雙墜入了愛河。

狄更斯有時工作太忙，不能經常抽出時間去見凱特，他就把對她的思念訴諸筆端，寫信給她說：

> 妳知道，親愛的，從昨晚 19 時起我就一直沒有看見妳，多長久啊，好像有一個世紀！
>
> 要我用言辭把我對妳的感情表達出來，即使只表達萬分之一，也是徒勞無望的事。
>
> 妳是我的生命，不，比生命更寶貴，願上帝賜福於妳。
>
> 親愛的凱特，知道妳生病了，我在這裡痛苦萬分，得

到妳痊癒的消息，我會變得欣喜若狂。為了我，而不是為了妳，請你善自珍重。我是個十足的自私自利者。

凱特的回信表明，她已經被狄更斯征服了：

我所知道的你身上的誠摯和美好的感情，我從心眼裡相信你的感情是別人無法企及的。我在你身上找不到絲毫過錯。

自從我認識你以來，我就從未中斷過對你的愛，將來也是這樣。

有時候，狄更斯整整一天工作下來，累得渾身一點力氣也沒有，他就請凱特帶著妹妹瑪麗一起來給他準備早餐。

1835 年秋天，凱特和她母親都被感染了猩紅熱。狄更斯每天都會守在凱特的床前好幾個小時，渴望她早日康復。

狄更斯感到，他的生命裡已經不能沒有凱特了。

走上專業寫作之路

其實在 1836 年之前這兩年，狄更斯的生活並不如意。

1834 年他父親再次因為欠債而入獄。狄更斯費盡千辛萬苦，才湊足錢使父親結束牢獄之苦。

1835 年，為了維持家人和自己的生活，他不得不好幾次向別人借錢。但他與父親不同的是，他從來都及時地把債務還清，而且分文不少。

　　到了 1836 年，狄更斯的生活可以用「時來運轉」來形容。這一年他的生活中發生了兩件大喜事。

　　2 月的頭一個星期，《博茲隨筆》銷路走高，幾天之後，一家剛成立的查普曼和霍爾出版公司提出邀請，請狄更斯寫尼姆羅德俱樂部歷險的故事，他們每月付給狄更斯 14 英鎊。

　　歷險記將分月連載，而作者的任務就是給一位名叫羅伯特・西摩的漫畫家寫一些無關緊要的文字說明。這位滑稽畫家讀了狄更斯的一些特寫之後，很欣賞狄更斯的寫作才能，便請他給將要畫出的一些漫畫寫說明文字。

　　故事中說：這個俱樂部的成員相約出外狩獵、釣魚、遊玩，一路上由於他們自作聰明，常常弄巧成拙，發生了許多滑稽事。

　　而狄更斯知道，給漫畫配文字絕非易事，他告訴凱特說：「這件工作有一定的難度，但報酬確實誘人，而且這對我也是一次考驗，我難以回絕。」

　　出版商願意僅僅是想把這部連載搞成一個滑稽的故事，他對狄更斯說：「我們確信你是唯一能做好這個工作的人選，我們需要你這樣一個優秀的創作者。」

　　但狄更斯慎重地想了想，他表示了反對。

　　「首先，我雖然生在外地，在鄉下還待過一段時間，但我除了酷愛各種旅行，卻算不上什麼狩獵、釣魚的高手；其次，

作品的主題缺乏新意，這些陳舊的東西早就被人用濫了。因此，我主張我們應該根據文字，這樣的效果要好得多。如果你們同意，我將按照我自己的方式來寫這部作品，我要展現更多的英國社會場景和人物。」

出版商表示贊同狄更斯的主張。

狄更斯的朋友卻告誡他說：「這是一種低級的出版社，這項工作只會讓你費力不討好，還可能會毀了你的前程。」

狄更斯卻堅定地回答說：「不！我要試試我的能力！」

於是，他開始著手第一期《匹克威克外傳》的創作。

小說採取分若干卷逐期發表的形式。在第一期裡，狄更斯便確定了為後來世人皆知的匹克威克那獨具特色的容貌舉止——他的眼鏡、白背心、緊身褲、小而圓的肚子、逍遙地翹在背後的上衣尾巴，還有「唐吉訶德」式的性格：路見不平，拔刀相助，制服惡人，及由此出現的種種喜劇場面。

3月，狄更斯把他在弗尼瓦爾旅館剛租下的一套房間精心裝修了一番，他要把這裡當做新房，迎娶他的新娘凱特。

他在裝飾一新的房間裡走來走去，他手裡拿著剛剛領到手的正式結婚證書，興奮得像個孩子：「哈，再過兩星期我的夫人就要進門了！」

4月2日是一個大晴天，在這讓人神清氣爽的好天氣裡，查爾斯·狄更斯與凱特在切爾西的聖盧克教堂舉行了結婚典

禮。而這時，正好是第一期《匹克威克外傳》刊登後兩天。

婚禮非常簡單，客人除了雙方兩家的親戚，只有湯姆·比爾德一個外人。

婚禮結束後，狄更斯和凱特去肯特郡的喬克村度蜜月。但他們僅僅度過了一個「蜜週」，狄更斯就變得煩躁不安起來。

溫柔賢惠的凱特覺察到了丈夫的情緒波動：「親愛的查爾斯，你有什麼心事嗎？」

狄更斯只好抱歉地說：「親愛的，對不起，我是一個閒不住的人，我放不下我的藝術創作，心裡老是急著回倫敦。」

凱特不願影響丈夫藝術創作的熱情，只好與狄更斯早早地返回了倫敦。《匹克威克外傳》第一期，是匹克威克組建俱樂部的故事，並沒有引起人們的注意。

他們回到弗尼瓦爾旅館，狄更斯就看到了西摩為第二期《流浪藝人的故事》設計的草圖，他覺得這些草圖沒有很好地表現出人物的神態，他決定請西摩來與他面談。

西摩比狄更斯大 12 歲，他在當時已經是個頗有名氣的畫家了，而且他神經過敏，容易激動，他已經不止一次與文字作者鬧翻過。

狄更斯出於想說服西摩採用自己的遠為豐富的構思去取代關於這本書的原始設想，因此給西摩的信盡量寫得謙恭、謹慎：

尊敬的西摩先生：

我早就有意給您寫信，想借此對您表示由衷的感激，因為您為我們共同的朋友匹克威克先生嘔心瀝血，殫精竭慮，而大作效果遠遠超過了我的預期。如果您肯勞駕重揮如椽大筆，本人將不勝感激。

我將非常高興地恭候您帶著您的新作一起光臨！

狄更斯

狄更斯在闡明了自己的修改意見之後，他又補充了幾句：

您筆下的房間家具精美無比。我之所以冒昧地聲言這些意見，是因為我相信您一定是會樂於考慮這些意見的，就像我樂於把它們奉獻給您，期望得到您的指正一樣。

西摩果然應邀前來了。

狄更斯表現得非常真誠、謹慎和客氣，因為他知道，能與西摩這樣一位享有盛名的畫家合作，肯定會讓《匹克威克外傳》增色不少。

而西摩的眼裡卻充滿了蔑視：你只不過是個初出茅廬的小孩子，是一個狂妄自大、自以為是的小文人，怎麼還敢說我的草圖中的人物不吸引人，而且還說其中一個「令人生厭」？

狄更斯雖然盡量表現得態度誠懇，但他絕不會讓步，他知道自己的目標，並決心無論如何要達到這個目標。而這件

事只能由一個人說了算。

西摩由於自己的自尊心和藝術家的虛榮心都大受傷害，結果兩個人不歡而散。

西摩這個人心理有巨大缺陷，他回到家中，在這種憤慨、挫折之下，竟然一時衝動，在自己花園開槍自盡了。

如此一來，出版商就陷入了尷尬的境地。本來，匹克威克是西摩想出來的，他們曾經指望借西摩的名氣而使這部書暢銷。

但現在，第一期銷路平平，而西摩這一死，前景更加渺茫了。剛剛開業的出版公司負責人不知道該不該終止連載。

但狄更斯表現出了堅定的自信心：「你們要相信，我有能力和信心去完成它！」

這又使他們重新鼓起了勇氣，他們又重新物色畫家。最後，他們選擇了狄更斯極力推薦的漫畫家菲茲。

菲茲原名叫哈布洛特·布朗，剛給狄更斯的一篇小品《三頭下的星期天》畫過插圖。

他們的合作非常成功，菲茲準確地把握住了狄更斯作品的神韻，恰到好處地表現了作品人物的漫畫味。

《匹克威克外傳》由此得以繼續連載下去。

匹克威克先生和他的俱樂部的成員，為了研究社會風俗，擴大見聞，從倫敦出發，走遍全國各地，在路上不斷地發生一些趣事。

匹克威克是一位紳士、學者，性格開朗，講仁愛。他是個老單身漢，雖然已年過 50 歲，但仍然那麼天真、善良，言行滑稽可笑，常常鬧出笑話，有時甚至被人誤解，弄得狼狽不堪。

他很少出門，對社會知識少得可憐，結果旅行的第一天就倒了霉。因為他出於好奇，記錄了馬車伕的談話，馬車伕以為他要去告密，於是他被莫名其妙地痛打了一頓。他只好自認晦氣，但絕不還手打人。匹克威克就是這樣以仁愛為懷，反對暴力，就連多次欺騙他的流氓金格爾進了監獄之後，他也不計前惡，關懷備至，終於使金格爾受到感化而翻然悔悟、棄惡從善。

現在，狄更斯已經能夠從容自如地按照自己的計劃來寫下去了，他越寫越放鬆，越寫越順暢。

狄更斯開始寫這部書時並沒有一個完整的構思，只是邊構思邊寫作，因此作品沒有連貫的故事情節，但作家筆下的匹克威克形象卻栩栩如生，他那幽默滑稽的舉止受到了人們的喜愛。特別是不久後，狄更斯感到他自己的「唐吉訶德」缺少一個「桑丘」，於是便添了一個人物 —— 撒姆‧韋勒，更增添了小說的喜劇色彩。

撒姆‧韋勒是一個馬車伕的兒子，在他身上展現著英國勞動人民機智、勇敢、正直、善良、樂觀的品質。他熱愛生活，有豐富的社會經驗，對醜惡行為具有強烈的憎惡心，因

此他忠心耿耿地幫助匹克威克克服了種種困難。真實而有趣的撒姆成了當時英國街談巷議的人物，小說風靡一時。

這部書逐漸得到了一批讀者的歡迎。

到了 1836 年秋，匹克威克的名字已經傳遍英國，甚至比首相的名字還要響亮。而剛滿 24 歲的狄更斯也已經成為了英國名聲最響的作家。

《匹克威克外傳》中的有些片段，可以說是無與倫比的，它包含了許多英國小說中最精彩的幽默篇章。

就拿《匹克威克外傳》一書中打官司的場景作為例子：匹克威克先生的房東巴德爾太太追著他不放，想敲詐他，誣告他撕毀了一個婚約，可這位可敬的紳士從來沒考慮過這門親事。

下面是巴德爾太太的律師布茨弗茨先生辯護的開始。

布茨弗茨先生站起來，和福格簡單交談了幾句，把長袍往肩上拉了拉，整理好假髮，對法官發了言……

狄更斯對這一審判場景的描述的最大成功之處在於，他把一件很簡單的案件，透過律師布茨弗茨和法官斯塔瑞利的戲劇性的話語和思維邏輯，完全顛倒了過來。狄更斯顯然無意對司法程序本身進行批判，而是著意透過這種戲劇化的審判過程，來揭示傳統的保守的資產階級所宣揚的所謂公正、平等和自由。

這裡有諷刺，但展現為一種嚴肅的幽默形式。狄更斯借助於高超的語言技巧，把一個嚴肅的審問場面變得滑稽。狄更斯正是透過這種方式，使對方的行動自動表現出滑稽可笑。在「喜劇精神」反對「虛假嚴肅」的戰爭中，幽默是「特洛伊木馬」。

狄更斯透過他的幽默的語言，把整個世界都喜劇化了。在他那裡，惡及惡行成了一塊木頭，他在上面縫上一點布，使之變成一個木偶。他用自己細緻入微的觀察、記錄，加上他那豐富的不可思議的想像力，把世界變成一個幽默的世界，進而變成一個童話的世界。

這裡面沒有任何對英國司法程序的公開批評，對任何一個旁聽過，或者現在仍在旁聽英國的一椿訴訟案件的人來說，這些程序是極為確切的。

一個等待陪審的法官讀了狄更斯關於審判那一節的描述之後，他感到簡直不可思議：「一個非法律界的人士能如此熟諳法庭事務，還沒有一個作家能像他那樣逼真地再現法庭審判時的氣氛和感受。與法律訴訟有關的所有方面幾乎無一不涉及並具體化了。」

18 世紀的倫敦，上至維多利亞女皇，下至販夫走卒，人們瘋搶刊載狄更斯的小說的報紙。

當時，一位病入膏肓的病人在床上計算自己不多的時日，以爭取在死前能讀完刊載《匹克威克外傳》報紙的最後

一期。牧師為他做臨終禱告，當牧師離開房間的時候，聽到他說：「感謝上帝，我剛讀完《匹克威克外傳》最後一節，這下我可以瞑目了。」

一時間，許多商人也都爭著以這個喜劇人物為自己的店鋪或產品命名。「匹克威克式」的外套、手杖、雪茄紛紛應運而生。甚至有人給家裡養的寵物也取了文章中的名字。人們相互開玩笑時，也把對方呼作「塔普曼」或「文克爾」。

只要每個月《匹克威克外傳》一出版，一些小報就競相摘錄轉載。一些盜印者、剽竊者、改編演出者都從其中大發橫財。

《匹克威克外傳》第一期只印了 400 份，至 1837 年 11 月，至 15 期時預定者超過了 40,000 份，經歷 20 個月終於連載完畢。

失去知音的悲痛

1836 年的夏末，狄更斯毅然辭掉了在《時事晨報》的職務，在彼得沙姆租了一幢配有家具的鄉間別墅 —— 榆木小屋，靜靜地休整了一段時間。

《時事晨報》的老闆對狄更斯提交的將在一個月內辭職的報告大為不滿：「你這個人簡直有點不可理喻。我們根本沒有任何心理準備，你竟然想一走了之！」

　　而狄更斯則認為他們沒有能充分展現自己的價值：「你們從我這本書中嫌得了 20,000 英鎊，而我僅得到 2,500 英鎊的稿酬。我以後要學著把自己的利益放在第一位，那種只搞口頭協議的傻事我再也不會幹了。」

　　狄更斯作出這個決定的另一個原因，則是他性格的一種真實展現：他是一個天生的演員。

　　其後，他便動手寫作劇本。他寫了一部兩幕滑稽劇《奇怪的紳士》和一部兩幕喜歌劇《鄉村俏婦》以及一部獨幕滑稽劇《她是他的老婆嗎？》它們都在新建的聖詹姆斯劇院上演。

　　雖然劇本的成功為狄更斯帶了一些喜悅，但他卻很快就對此厭煩了：「如果我除了是編劇之外，又能夠當舞臺監督和主要演員，一切按照我的創作意願發展，那將會十分順利。但是現在，我除了在創作上有主動權外，還要屈從於演員、歌手和舞臺監督們的擺布，這讓我無法忍受。」

　　凱特卻給予丈夫充分的支持和理解：「親愛的，不要生氣。這是因為你本身具有表演的天賦。有時，你的面部表情是如此豐富，裡面簡直包含了 50 個人的生命和靈魂。」

　　狄更斯為妻子的深情而打動，他激動地握住凱特的手說：「親愛的，只有你最了解我，這讓我深感欣慰。」

　　他的喜劇，他的情感都是戲劇性的，他目光敏銳，善於

發現人的古怪行徑，就如凱特所說：「你就是一部活的照相機啊！」

狄更斯每描寫一場風暴，就像一名舞臺監督一樣，想製造出這種效果；他筆下的反派角色感情誇張，那些英雄人物也像在做戲一樣。他的小說遠遠超過任何其他小說，既吸引了演員，又吸引了劇作家。

1836 年年底，狄更斯在哈里森‧安斯沃思的寓所，結識了約翰‧福斯特。這個人後來成為狄更斯傳記的作者。兩個人一見如故，他們的性格當中有很多互補的東西。

從他們友誼之初，福斯特就開始掌管他的事務。

這就在這一年，凱特的 16 歲的妹妹瑪麗來到弗尼瓦爾旅館與姐姐同住。瑪麗是一個俊俏、聰明，富有同情心而且十分幽默的姑娘。

凱特當時有點擔心：「但願妹妹的到來不會讓我們的生活增加麻煩。」

狄更斯此時因成功而躊躇滿志，外界應酬特別多，他笑著說：「這個活潑可愛的妹妹很招人喜歡啊，有她在家陪著你，肯定會為我們的家庭帶來不盡的快樂。」凱特感激地看著丈夫，為他的善解人意而欣慰。

1837 年 1 月 6 日，狄更斯的長子出生了。凱特產後身體一直很虛弱，而瑪麗一邊照顧姐姐，一邊抽出時間來陪狄更

斯到外面去找大點的房子，並參加一些交際活動，有時還一起去參觀藝術展覽和看戲。

4月初，狄更斯帶著夫人、孩子和妻妹搬進了道蒂大街48號。狄更斯常常外出赴宴，有時不免喝得過量。每當這時，瑪麗就會精心照料著他，扶他回家，攙到床上去。

有一天夜晚，狄更斯與瑪麗坐在火爐旁邊閒聊。「瑪麗，雖然這段時間我有些操勞過度，但因為有了妳的陪伴，我真的感覺很快樂，我覺得好像年輕了好幾歲似的。」

瑪麗卻開心地笑著說：「不要這麼說，您是世界上最了不起的人物，你寫的東西是現在的最了不起的作品。我一直因你而自豪，能夠生活在你的身邊是我的幸運。我感謝你給了我生活的智慧。」

狄更斯深為感動：「謝謝妳瑪麗，妳的理解和支持，將使我的創作有了更充足的動力。」從此，他們成為了無話不談的知己，常常在一起討論一個主題，吟誦一篇文章。瑪麗已經成為狄更斯生命中不可或缺的一部分。

狄更斯對凱特說：「瑪麗這個小妹妹越來越讓人喜愛了，我早就說過，他會給我們家帶來不盡的快樂。」

凱特溫柔體貼地對丈夫說：「從兒子出世之後，我也無法拿出太多的精力來給予你支持，而你是需要有一位知心朋友來幫助的。而瑪麗的到來，填補了你生命中的空白，我為她

的成熟和聰明而高興。」

5月6日是週六，這天晚上，也就是他們搬入新居的5個星期之後，狄更斯帶著凱特和瑪麗一同去聖詹姆斯劇院看戲。

散場後，大家走出劇場。瑪麗興奮得像個孩子：「今晚真是太美妙了！這是一個愉快的夜晚！」

他們邊走邊高興地聊著，回到住處，夜已經很深了，狄更斯與凱特都躺下休息。

凌晨1時，凱特剛剛朦朧入睡，忽然聽到瑪麗在房間裡急促地喊她：「姐姐！姐姐！」凱特一下驚醒，她急忙從床上跳下去，光著腳推開瑪麗的臥室。只見瑪麗已經癱倒在床上，臉色蒼白。凱特驚得魂飛天外：「瑪麗，你怎麼了？查爾斯，快點過來，瑪麗出事了！」

狄更斯急衝進房內，他立刻吩咐僕人：「快去請醫生！」

醫生馬上就被請來了，但終究回天乏術，他告訴狄更斯和凱特：「她患的是嚴重的心臟病，我恐怕無能為力。」

第二天下午，瑪麗就去世了，她才只有17歲。但她臨終前，還依然在低聲叨唸著狄更斯的名字。狄更斯抱著瑪麗，與凱特放聲痛哭。

而他的岳母霍格思夫人昏厥了過去，一天一夜不省人事，並幾乎整整一個星期都沒有下床。

狄更斯仰望蒼天，喃喃自語：「上帝啊，你告訴我，你為

什麼偏偏要帶走這樣一個年輕可愛的生命？」

凱特一邊哭著一邊搖著頭叨嘮：「瑪麗，我深愛的妹妹。我和她從小到大都沒有吵過架，她一直很依戀我，沒想到她以這樣的方式離開了人世。她溫柔、善良，這個世上如果只允許一個人升入天堂，那就是我妹妹瑪麗。」

凱特的話更使狄更斯肝腸寸斷。他因悲傷而幾乎麻木，無力地癱坐在地上。凱特趕快過來安慰他：「母親這邊我來照顧和安慰，你千萬別傷心過度了，瑪麗走了，你還要去處理一些必要的事情啊。」

很長一段時間，狄更斯無法集中精力工作，他只得停止寫作《匹克威克外傳》與《奧列弗·他斯特》，結果那一個月中這兩部小說都沒有刊登。

《本特利雜誌》只好告訴他的讀者們說：

> 作者正在哀悼一個非常可愛的年輕親屬，他對她充滿了無比濃厚的愛慕之情，而且長期以來她的陪伴是對他終日操勞的重要安慰。

葬禮之後，他們前往漢普斯特德的科林斯農場。狄更斯在那裡給哈里森·安斯沃思寫信：

> 由於失去了這位可愛的姑娘。除了我的夫人，我對她的愛慕之深厚、熱烈超過了世上任何人。我神思恍惚，悲痛萬分，不得不例外地放棄完成我的每月工作量的一切念頭，去嘗試一下兩個星期的安寧與平靜。

　　狄更斯一直沉浸在對瑪麗的回憶之中，走進聖詹姆斯劇院時，不願意坐在與他們在瑪麗去世前夜所在的包廂同一排的座位上，也不願坐在劇場中任何能夠看見那個包廂的地方。坐在火爐旁，他的眼前是她健康的身影，耳邊迴響著她快樂的笑聲……

　　狄更斯與凱特相依相偎，他傷感地說：「我能回想起她在那些幸福的日子裡的一言一行，能指給你看我們在一起讀過的書中的每一段和每一行。」

　　凱特擁緊了丈夫。她知道，自己對妹妹的去世非常痛苦，但對狄更斯這樣一個感情豐富而又細膩的人來說，則是失去了一個與他樂趣、抱負和心境完全一致的知己，這種打擊更是無比巨大的。

　　狄更斯在日記中寫道：

無法想像這一可怕事件將我們投入的那種悲慘境地。自我們成親以來，是瑪麗給我們一家帶來了安寧和生氣，給我的創作帶來了靈氣和活力。她的美貌與才氣贏得了眾人的讚美。

我情願失去一個關係近得多的親戚或一個更老的朋友，因為她對我們的意義我們是永遠無法替代的，她的離去留下了一塊空白，每一個認識她的人都看得很清楚，要填補這塊空白是毫無希望的。

《孤雛淚》贏得了讀者

1837 年，狄更斯夫婦在柯林斯農場「靜養」兩週之後，回到了道蒂大街。狄更斯立即投入了繁忙的工作，只有忙於眼前的事務，他才沒有工夫來沉思那痛苦的回憶。

這時，一舉成名的狄更斯又為《本特利雜誌》做編輯。老闆誠懇地鼓勵他：「狄更斯先生，希望你能寫出優秀的文章。」

而在當時，更多的出版商把目標對準了狄更斯，向他約稿的信件也接連不斷地寄來。

狄更斯肯定地回答出版商們：「我不會停下我的筆。生命如此短暫，我想像中有很多人物要求我把他們再現出來。」

於是狄更斯開始創作另一部連載小說：《孤雛淚》。

小說描述了一個孤兒的悲苦身世：

小說的主角奧利佛‧他斯特是一個有錢女人的私生子，出生不久，母親就死去了。他在濟貧院過了 4 年地獄般的生活，又被一個棺材店老闆領去當學徒，受著殘酷的虐待。由於不堪棺材店老闆娘、教區執事邦布兒夫等人的虐待而獨自逃往倫敦，不幸剛一到達就受騙誤入賊窟。竊賊集團的首領費盡千方百計，企圖把奧利佛訓練為扒手供他驅使。

奧利佛跟隨竊賊夥伴「機靈鬼」和貝茨上街時，被誤認為他偷了一位叫布朗洛的紳士 —— 恰巧是他父親生

前的好友 —— 的手絹而被警察逮捕。後因書攤老闆證
明了他的無辜，說明小偷另有其人，他才被釋放。

由於奧利佛當時病重昏迷，並且容貌酷似友人生前留
下的一幅少婦畫像，布朗洛收留他在家中治病，因此
得到布朗洛及其女管家比德溫太太無微不至的關懷，
第一次感受到人間的溫暖。

竊賊集團害怕奧利佛會泄露集團的祕密，在費金指示
下，塞克斯和南希費盡心機，趁奧利佛外出替布朗洛
歸還書攤老闆的圖書的時候用計使他重新陷入了賊
窟。但當費金試圖懲罰毒打奧利佛的時候，南希挺身
而出保護了奧利佛。

費金用威脅、利誘、灌輸等手段企圖迫使奧利佛成為
一名竊賊，成為費金的搖錢樹。一天黑夜，奧利佛在
塞克斯的脅迫下參加對一座大宅院的行竊。

正當奧利佛準備趁爬進窗戶的機會向主人報告時，被
管家發現後開槍打傷。竊賊倉皇逃跑，把奧利佛丟棄
在路旁水溝之中。奧利佛在雨雪之中帶傷爬行，無意
中又回到那家宅院，暈倒在門口。好心的主人梅麗夫
人及其養女羅斯小姐收留並庇護了他。

無巧不成書，這位羅斯小姐正是奧利佛的姨媽，但雙
方都不知道。在梅麗夫人家，奧利佛真正享受到了人
生的溫馨和美好。但費金集團卻不想放過奧利佛。

有一天，一個名叫蒙克斯的人來找費金，這人是奧利
佛的同父異母兄長，由於他的不孝，他父親在遺囑中
將全部遺產給了奧利佛，除非奧利佛和蒙克斯是一樣

的不孝兒女，遺產才可由蒙克斯繼承。

為此，蒙克斯出高價買通費金，要他使奧利佛變成不可救藥的罪犯，以便霸占奧利佛名下的全部遺產，並發洩自己對已去世的父親的怨恨。正當蒙克斯得意揚揚地談到他如何幫布爾夫婦狼狽為奸，毀滅了能證明奧利佛身分的唯一證據的時候，被南希聽見。南希見義勇為，同情奧利佛的遭遇，冒著生命危險，偷偷找到羅斯小姐，向她報告了這一切。

正當羅斯小姐考慮如何行動時，奧利佛告訴她，他找到了布朗洛先生。羅斯小姐就和布朗洛商議了處理方法。羅斯小姐在布朗洛陪同下再次和南希會面，布朗洛獲知蒙克斯，即他的已故好友埃得溫·利弗得的不孝兒子的所作所為，決定親自找蒙克斯交涉，但他們的談話被費金派出的密探聽見。塞克斯就凶殘地殺害了南希。

南希之死使費金集團遭到了滅頂之災。費金被捕後上了絞刑架，塞克斯在逃竄中失足被自己的繩子勒死。與此同時，蒙克斯被布朗洛挾持到家中，逼他供出了一切，事情真相大白，奧利佛被布朗洛收為養子，從此結束了他的苦難的童年。

為了給蒙克斯自新的機會，奧利佛把本應全歸自己的遺產分一半給他。但蒙克斯劣性不改，把家產揮霍殆盡，繼續作惡，終於鋃鐺入獄，死在獄中。邦布爾夫惡有惡報，被革去一切職務，一貧如洗，在他們曾經作威作福的濟貧院度過餘生。

　　《孤雛淚》順利連載後，贏得了大批新的讀者，使狄更斯成為一名公眾喜愛的作家。

　　《孤雛淚》以強烈的對比手法，在讀者眼前展現出一幅窮與富相對照、黑暗與光明相抗爭的畫面，譴責了濟貧院虐待兒童的罪惡，揭示了社會底層的黑暗生活。

　　一個朋友讀後對狄更斯說：「這部作品跟你以前的作品差別很大，看起來不像你一個人寫的。」

　　狄更斯說：「你也許不了解，我為什麼對兒童生活的陰暗面瞭如指掌。因為我也是在那樣的苦難中度過童年的，這種不幸的經歷和遭遇是我藝術創作的源泉。很多時候，磨難也是一筆財富。」

　　隨後，狄更斯又創作了一部兒童世界的悲慘故事：《尼古拉斯‧尼克貝》。

　　故事中，一位志向遠大的青年，因為其父親去世而一貧如洗。他的放高利貸的叔叔不但不肯伸手援助，反而乘人之危讓他到外地幫工，並利用他妹妹的美貌為自己牟利。他秉性正直，品格善良，為了幫助受虐待的學童又逃回倫敦。他幾經磨難，與壞人抗爭，戳穿他叔叔的陰謀，終於獲得了成功，並與心愛的姑娘結婚。

　　《尼古拉斯‧尼克貝》仍然是揭露少年兒童所遭受的苦難的，而批判的矛頭則主要指向當時的英國資產階級教育制

度，控訴了私立學校摧殘兒童身心健康的現象，並告訴讀者，在那個金錢萬能的社會裡，教育青少年的學校也成了富人們的牟利場。

《孤雛淚》和《尼古拉斯‧尼克貝》都引起了不小的社會效應，許多殘暴的校長被撤職，一些罪惡的學校被查封。

從作品的成功中，狄更斯看到了文學創作的力量。

凱特卻對此深表憂慮：「這些作品雖然引起了政府上層的重視，但你並沒有從中獲得更多利益，而且，那些被懲罰的人會想辦法與你作對。」

狄更斯豪邁地放聲大笑道：「我才不怕他們，我也並沒奢望從這種創作中獲得報酬，只要看到他們受到應有的制裁，只要能夠幫助受苦兒童脫離災難，我就心滿意足了。我很高興能為孩子們做點事情。」

展露才華

如果你不能順著正路做到不平凡，可千萬不能為了
做到不平凡而去走歪門邪道！

—— 狄更斯

傾注身心去創作

1838 年，是狄更斯最為繁忙的一年。他在寫作《孤雛淚》和《尼古拉斯‧尼克貝》的同時，還在潤色另一部著作——《格里馬爾迪回憶錄》，還要為查普曼和霍爾寫大量的隨筆，編輯《本特利雜誌》並為它撰稿，簡直忙得不可開交。

尤其是在 10 月，他收到信後 3 個星期也沒有時間拆開看，而且手頭變得非常緊，欠下的醫藥費不得不一直拖到年底才還。狄更斯為此向醫生寫信道歉，他幽默地寫道：

> 我剛剛冒出頭來，登上陸地，向《孤雛淚》猛衝過去，兩個月的繁重工作就如巨浪撲來，把我捲回到手稿的汪洋大海中去。

他有一段時間被《孤雛淚》弄得大傷腦筋，一籌莫展，多少天都一點收穫沒有。

狄更斯實在忍無可忍，就乘了一艘輪船前往布洛涅，在那裡乾脆找了一家小店住下來埋頭寫作，直至寫完了《孤雛淚》和《尼古拉斯‧尼克貝》的最後一部分，這才算鬆了一口氣。

狄更斯輕鬆地趕回家，正好趕上當月雜誌的出版。他拿到手上，還沒來得及好好欣賞一下自己的作品，就有一位熱愛寫作並非常崇拜他的婦女，拿著自己的作品來向他徵求意見。

狄更斯先沒看作品，他深有感觸地告誡那位婦女說：「你選擇寫作這個職業，就是自找麻煩，自討苦吃，其程度是你所想像不到的。」

那位崇拜者大惑不解地問：「狄更斯先生，你是後悔了？」

狄更斯回答說：「沒有，這畢竟是我自己選擇的工作，我絕不後悔。一切有志於藝術的人，必須完全獻身於它，並在其中得到補償。」

「那麼，狄更斯先生，您的作品是你經過深思熟慮的產物嗎？」

狄更斯站起身來，在客廳裡來回走著，一邊回答說：「不會，作品在更大程度上是激動振奮而非深思熟慮的產物，我必須為之傾注整個身心，如同一名演員進入了角色那樣和作品中的人物同呼吸共命運，並到達如痴如狂的程度。因此，除非我振奮起來，除非我為自己的主題激動不已，以至無法平靜下來，否則我是無法寫出感人肺腑的作品來的，至於嚴肅的創作，就更談不上了。」

工作雖然是繁重的，但狄更斯很注重勞逸結合。1836 年至 1840 年，每到夏季，狄更斯都會在彼德沙姆的榆木小屋或特威克南的艾爾薩公園別墅區 4 號，享受工作與消遣。狄更斯與他的許多好朋友和凱特的家人，都在這兩個地方接連幾天或幾個星期地一起遊戲、郊遊或參加當地的活動。

　　他習慣於早餐後用整個上午不停歇地寫作，午後則到野外長時間地散步或騎馬，以解除疲勞。而他更享受晚上一個人漫步在倫敦街頭的感覺，這是他在苦難童年時藉以撫慰心靈痛苦、尋求樂趣而養成的習慣，不管是霧天、雨天還是雪天，他都不在乎。他在獨自夜行中，往往到最陌生的地帶漫遊著，觀察和感受著百姓們的生活百態。

　　有時，他把路上聽到的一句半句話記下來；他常常在一家店鋪門前傾聽著各種人物的對話，又窺探著另一家店鋪裡古怪的設備；有時，他則去神祕地偷聽一對熱戀中的情人的竊竊私語；有時他甚至會悄悄地跟蹤一對年輕的騙子。

　　每當這樣的夜遊之後，他與本來已非常熟悉的倫敦更加接近，第二天早上起來工作就更加順手了。

　　狄更斯在神祕和美妙的夜晚，擷取了多少生活的靈感啊！他為了趕稿子，一整夜一整夜不睡。而當稿件如期完成後，他就會把自己像小鳥一樣放逐於廣闊的田野。

　　這一刻，狄更斯彷彿又變成了那活潑頑皮的小查爾斯。

　　而在英國，狄更斯在婚後 7 年中最愛去的是布羅德斯太爾斯，當他們一家人住在那的時候，他拚命工作，奮力步行，經常游泳，精神抖擻地款待客人。

　　閒下來的時候，他就一個人靜靜地眺望大海。

　　狄更斯真想找個知心朋友與他共享大自然給人類的賜予。1839 年 9 月，他寫信給福斯特說：

我多麼希望你能見到這一切！這些天來，它的濤聲如萬炮齊鳴。昨天晚上，那是怎樣的一片汪洋大海啊！我搖搖晃晃地奔到碼頭上，爬到一艘擱淺了的大船的背風處，看著大海奔騰咆哮，將近一個小時。不用說，我回來時已經變成落湯雞了。

由於許多出版商都渴望出版他的著作，因此狄更斯身邊經常有一個印刷工人在等候著他脫手的文稿。當他一旦得到擺脫掉這些印刷工人的機會時，就要放自己一天假。

這時候，他的好朋友福斯特就會接到他的一張紙條：

這樣明媚的早晨到鄉間去散步是多麼妙啊！你難道不能、不該、不會動心嗎？來吧，來吧，來吧，到綠巷中散步去。這一來，你整個禮拜工作起來將更有活力了。在這樣的日子裡，除了到戶外去，人還有什麼用場呢？來吧，朋友！

傾力打造經典悲劇

年輕成名的狄更斯，舉止瀟灑、不修邊幅而又談吐幽默，從不奉承有錢有勢的人。但是，他卻因此常常被這種上層人物視之為「古怪」的行為。

有一次，一些上層人物邀請他去參加他們的舞會，這些貴族儀表堂堂，夫人們身上滿是珠光寶氣，室內也布置得豪華富麗。他們翹首等待著這位大作家的到來，以便為他們的

舞會增添幾分光彩。

狄更斯果然來了，然而他卻穿著一件舊得不能再舊的衣服。狄更斯毫不介意那些滿是詫異的目光和竊竊私語，滿不在乎地坐了下來，接著竟出人意料地唱起了討飯歌。貴族夫人們被弄得狼狽不堪，覺得精心籌備的舞會大煞風景，這使狄更斯倍覺愜意，討飯歌也越唱越起勁了，舞會終於不歡而散。

當狄更斯在工作、社交、體育鍛鍊中忙得不亦樂乎時，凱特一個又一個地為他生兒育女。

他的長子出生後，兩個女兒又相繼來到人世。1839 年，當他們的第三個孩子出生時，狄更斯就已經覺得道蒂街的小房子太擁擠了，於是他們搬到了德文郡巷 1 號一座寬敞的住所，這座住宅帶有一個漂亮的花園，四周是高高的圍牆。

狄更斯覺得家庭事務讓他煩惱不堪，又要出租房屋，又要租進房屋，這裡登記戶口，那裡註銷戶口，繳納保險金，估價固定裝置，還有其他許多數不清的討厭事。

當初《匹克威克外傳》第一部分發表時，他恰好外出。因此，1840 年 4 月初《漢弗萊少爺的鐘》第一期出版時，他產生了一種迷信的想法：如果想要確保這部作品成功，就必須離開倫敦。

於是他決定離開倫敦，這次他選中了伯明罕。

果然，福斯特不久就帶著《漢弗萊少爺的鐘》銷量空前

的消息去與狄更斯會合了。狄更斯也欣喜若狂。

「福斯特，這個消息太讓我興奮了。這次，我們兩個要去一個地方共同慶祝我的成功。」

狄更斯帶著福斯特參觀了斯特拉特福的莎士比亞故居和利奇菲爾德的約翰遜故居。

兩個人玩得盡興，錢也花得精光了，最後為了回家的盤纏，不得不在伯明罕當掉了狄更斯的金表。

1841 年他們第四個孩子降生之後，凱特的妹妹喬治娜加入進來，總管家中各項事務，成為大部分實際事務中的真正女主人。

狄更斯回到倫敦後，他發現讀者已經不太熱衷於短篇的刊物了，他們期待著他能寫出長篇的連載故事。

於是狄更斯開始連載一部小說《老古玩店》。這部小說很快就贏得了讀者的喜歡，擠走了該雜誌的所有故事、人物和散文，占據了全部篇幅。

小說描寫老古玩店店主屈蘭特老漢和他美麗、善良的外孫女小奈爾相依為命的悲慘故事。屈蘭特為使還不滿 14 歲的外孫女在他死後能過上幸福生活，想透過賭博來跟命運抗爭，不料卻落入高利貸暴發戶丹尼爾・奎爾普的魔爪。奎爾普這個貪得無厭的吸血鬼，利用高利貸不僅奪走了老古玩店的全部財產，把老漢和他的小孫女奈爾趕出了店門，還想奪取美麗的小奈爾。

　　祖孫倆被迫逃離倫敦，過著四處乞討、顛沛流離的生活。奈爾被許多冷酷卑劣的人包圍著，受盡欺凌折磨，最後，身心俱受損傷的小奈爾，因精神過度疲勞，年紀輕輕就和外祖父相繼悲慘死去。

　　這部小說開頭幾章發表的時候，曾一度受到讀者的冷遇和苛刻的批評，這甚至使他自己都不敢去讀它了。作家越往下寫這部書，越把他對瑪麗的感情傾注在小奈爾的身上。小奈爾的形象也越跟作者記憶中的瑪麗相似了。

　　瑪麗的死使狄更斯十分悲痛，有幾星期之久，他振作不起精神來繼續工作，以至《匹克威克外傳》的出版不得不延期。對瑪麗的懷念始終伴隨著他。

　　他回憶當時的情景時寫道：

> 她逝世後，有好幾個月 —— 我記得是大半年 —— 我每夜都帶著一種恬靜的快樂夢見她，那是這樣的愉快，以致我沒有一夜睡覺時不盼望她以這種形象或那種形象回來。她老是這麼深刻地留在我的腦海裡，以致對她的回憶變成我生存的一個重要部分，竟如我心臟的跳動跟我的生存不能分離一樣。

　　狄更斯原本想把《老古玩店》寫成一則篇幅不長的故事，但是這部小說漸漸占據了他的全部想像力，使他在寫作時陷入了某種狂熱狀態之中。

我對這篇故事感受極深，我覺得這是一個好兆頭。你無法想像我昨天的容忍使我今天仍疲憊不堪。我被那孩子通宵達旦地緊追不捨，困難太大，苦不堪言。

這篇故事讓我心碎，我簡直不敢寫出它的結局。

小說寫到一半時，狄更斯還準備讓故事圓滿地結束，使他心目中的瑪麗和小奈爾得到一個光明美好的結局。

福斯特知道這一點後告訴他說：「如果安排女主角年輕時就死去，那麼，作品就會產生不尋常的藝術效果。」

狄更斯聽從了他的勸告，放棄了最初的打算，對小說後一半重新進行構思，而成為後來的樣子。

小奈爾的悲劇也在讀者中產生了讓人心碎的強烈效果，許多讀者為之痛哭，他們不能忍受這個聖潔的小姑娘的死亡。

有些讀者不能接受小奈爾的夭折，他們直接寫信給狄更斯說：

狄更斯先生，作為你虔誠的讀者，我們誠懇地向您請求，發發慈悲吧！救救可憐的小奈爾。不要把她趕到那樣悲慘的絕境中去！

狄更斯給讀者回信說：

這是把最可怕的陰影籠罩在我的心上，我竭盡所能勉強進行，我將長久不能恢復原狀，沒有一個人會像我這樣想念她。

我實在無法把我的悲哀表示出來，我只要想一想應該
怎麼辦的時候，舊日的創傷就重新淌血了，真正寫下
去勢將如何，只有上帝知道。儘管我一再努力，我無
法用老生常談來安慰自己。

一想到我已永遠地失去了她，我就十分憂傷，我感到
我再也不能對新的人物產生愛慕之情了。我想我將永
遠喜歡她，超過我已寫成或可能寫的任何作品。

狄更斯在給福斯特的信中說：

當我想到這悲哀的故事時，親愛的瑪麗就彷彿是昨天
死去一樣。當我按照著你的有價值的提示，開始把我
的思想集中在這故事的結局上時，我決意要寫出東西
來，讓曾被「死神」光臨過的人們讀時會發生一種柔
和的情感而得到一些安慰。你昨晚走後，我把寫字臺
搬到樓上，一直寫到今天早晨 4 時，終於寫完了這陳
舊的故事。

而狄更斯的朋友中，卡萊爾哭得像個孩子一樣；丹尼爾·
奧康內爾泣不成聲，把書從窗戶裡拋出去；沃爾特·薩維奇·
蘭多在止住抽泣後，將小奈爾比作朱麗葉和苔絲德蒙娜。

而那位素以嚴厲無情而聞名的批評家弗朗西斯·傑佛
里，他曾一度是《愛丁堡評論》獨斷的編輯，這次卻為小奈
爾之死哭成了一個淚人。

不僅在英國，越往西去，這部書所引起的痛哭聲音就越響。在紐約的碼頭上和船上的旅客大聲問道：「小奈爾死了嗎？」

在所有人中，哭得最厲害的，竟然是那些鐵石心腸的惡棍。有一次，有人在芝加哥把這出悲劇演給一批暴徒們看，他們看了大為悲痛，人們看到他們的眼睛哭得又紅又腫。而當小說讀給加利福尼亞州草原和礦區城鎮那些殺人犯、搶劫犯和強姦犯們聽時，也聽到了他們悲傷的呻吟。

失望的美國之行

1841 年 2 月，29 歲的狄更斯，一邊看著他的第四個孩子，一邊憂心忡忡地說：「我每天都認為自己會變得頭髮花白，並且幾乎已使我自己相信，我患了痛風病。」

他開始擔憂家庭的前途，並且希望暫停寫作，稍微休息調整一下。

凱特望著因終日忙於寫作而疲憊不堪的丈夫，她傷感而無助。

狄更斯突然對凱特說：「親愛的，我們停下來，出去看看外面的世界！」

於是在 6 月，狄更斯接受了他的新朋友傑佛里勛爵的建議，帶著凱特訪問了蘇格蘭。

在蘇格蘭古都愛丁堡，狄更斯第一次受到了公眾的盛大歡迎。他與凱特下榻的旅館被讀者們圍得水洩不通，人們都盼望見一下這位大作家的風采。

6月23日，狄更斯寫信給福斯特說：「介紹給愛丁堡的每一個人，我被迫躲入走廊盡頭的一套與外界隔絕的屋子，被人關注是我早已預料的，可是我卻預料不到被人關注到住所裡來。」

25日，由蘇格蘭文學家約翰‧威爾遜主持，為狄更斯舉行了盛大的宴會。參加者超300多人，還有200多名看熱鬧的婦女。大家又是致辭，又是祝酒，非常熱情。

29日，狄更斯接受了愛丁堡榮譽市民的稱號。

他在愛丁堡住了12天，每天都與當地的名流共進午餐和晚餐，到劇院接受人們的歡迎。他還參觀了司各特住過27年的房子，接待了無數的來訪者。

這時，狄更斯感到了前所未有的疲倦和無奈，他寫信對福斯特說：

> 出門一里，不如家裡，我很想家，想我們親愛的孩子們，只有我們的家才會給我心靈的安寧，我最衷心地感謝上帝給了我好靜的性格和一顆孤傲的心。
>
> 我思念德文郡巷和布羅特斯太爾斯，思念板羽球遊戲和毽球遊戲，我想穿著襯衣與你和麥克一起用餐，並且我比一生中任何時候都更深切地感受到托平的功績。

　　因此，狄更斯拒絕再出席公開宴會，他又去蘇格蘭高地遊玩，陪同他前往的是古怪的蘇格蘭人安格斯·福萊徹。他引起了狄更斯的極大興趣，後來成了狄更斯家中的常客。

　　他們冒著大雨穿過特羅薩克斯到達俄恩湖，走進一家旅館，在無人問津的自由當中過了好幾個小時，狄更斯有趣地看著安格斯「拿著一副巨大的手用吹風器，在起居室和另外兩個房間裡跑進跑出，心不在焉地用吹風器先後吹滅了兩堆火」，不禁笑得上氣不接下氣。

　　接下來，狄更斯只好以家中有要事等著處理，必須回家，趕快返回倫敦。他心裡想：我可不願意參加每次都要花20,000英鎊的宴會了。

　　回到倫敦之後，狄更斯由於對英國的政治始終持一種激進的態度，他從心裡嚮往另一個人人平等、賺錢也比英國容易的地方，那就是美國。他說：「感謝上帝，那裡有一片樂土，這是對我的安慰。」

　　狄更斯急切地想知道那個國度是什麼樣子，看一看一個新的共和國是如何對舊的君主製做出改進的。

　　他馬上寫信給朋友福斯特說：

我現在想知道我能否當一個出色的移民。我想知道，如果我帶著頭腦、雙手、兩腿和健康的軀體到一個新的殖民地去，我是否應當迫使自己奮鬥到社會上層，出人頭地地生活。你怎麼想？我向你擔保，我應當這樣去做。

之後的幾個月，訪問美國的念頭一直盤旋在他的腦海中：「我無論白天黑夜，眼前依然不斷浮現出美國的景象。如果失此良機，則會遺恨終生。我一提及此事，凱特就痛哭不止。但是只要上帝同意，我想，這事一定要設法做成。」

狄更斯的朋友華盛頓·歐文向狄更斯保證，他將在美國各州大獲成功，因此他下定了決心去美國。麥克里迪答應狄更斯說服凱特，並主動提出照顧他們的孩子。凱特終於同意了。

1842 年元旦剛過，狄更斯終於帶著妻子和女僕安妮一起，乘坐汽輪「不列顛號」離開利物浦。

狄更斯站在船上，心中萬分激動：「當我想到正在等待我們的奇妙景象，我真無法描述我心中油然而生的激動之情。」

旅途開始時，海上風平浪靜。但到了第二天早晨，情況就有些不妙了。狄更斯爬到床鋪上，一躺就是好幾天，他渾身發軟，對一切都沒有了興趣，他開始暈船了。

但他看到凱特暈得連話都不跟他說時，他竟然感到一種幸災樂禍般的快意。

之後幾天適應了，狄更斯就把大部時間用在與旅客聊天、用餐和玩牌之類的活動上。

行程過半後，天氣變壞了，汽輪開始在巨浪翻騰的海面

上搖晃，海浪的咆哮聲如萬炮齊鳴，輪船每搖晃一次，桅杆就沒入水中。閃電透過天窗直射艙內，女客們都被嚇得幾乎發了瘋。

輪船總算闖過了難關，但也許舵手經此一戰過於自信了，不料又在哈利法克斯港的入口處撞進泥灘裡。擺脫出來之後，輪船就直抵港口了。

港口處，人們看見一個人氣喘吁吁地跑來跑去，對著汽輪扯著嗓子高喊：「狄更斯！狄更斯！」

狄更斯看了看，他並不認識這個人，但這人明顯是衝著自己而來，他也朝那人高高地揚起了手臂。

後來才弄清楚，這個人是州議會眾議院議長。議長一把抓住了著名的作家，再也不肯鬆開，並帶著他招搖過市，將他介紹給州長，然後把他奉為當日州議會開幕式上的貴賓。

狄更斯由於他的查塔姆的老校長威廉·賈爾斯曾經送給他一隻鼻煙盒，上面記得著：「送給獨具一格的博茲」。因此他在信中就經常用「獨具一格」來自稱。

所以他在給福斯特介紹自己在哈利法克斯所受到的歡迎時說：

> 我真希望你看到成千上萬的人在街頭向獨具一格的作
> 家歡呼。我希望你能看到法官們、司法官們和議員們
> 還有主教們歡迎這個獨具一格的作家。

　　我希望你能看到這個獨具一格的作家被引到議長寶座旁邊的一張大扶手椅前，一個人坐在眾議院的大廳正中，在眾目睽睽之下，帶著一種堪稱楷模的嚴肅神情，聽著世上最奇怪的發言。我一想到這一切將引出天方夜譚式的故事，將來可以在家中和在林肯州廣場以及傑克斯特旁的城堡裡大講一通，福斯特，你知道嗎？我就忍不住想笑。

　　在走過了一段大風大浪的旅途之後，「不列顛號」的乘客們在狄更斯的建議下，決定向船長送一份禮物，以對他在異常困難和危險的情況下所表現出來的高超技能表達謝意。他們籌集了 50 英鎊，為船長買了一套餐具。

　　1842 年 1 月 22 日，輪船在海上航行了兩個星期之後，終於抵達美國的波士頓港。

　　狄更斯站在甲板上四下張望，這裡的新鮮東西立刻讓他眼睛不夠用了。

　　岸邊有 10 多個人立刻引起了他的注意。其中有幾個人冒著生命危險跳上船來，脅下夾著大捆報紙，脖子上圍著舊羊毛圍巾，手裡拿著布告牌。

　　有幾個人跑過來拚命地與狄更斯握手，把他的手都握麻了。

　　狄更斯試探著問：「你們是報童嗎？」

　　「不！我們是編輯，狄更斯先生，聽說您要來，我們是

專程來接您的。」

狄更斯怕再次陷入包圍之中，趕快設法脫身，與凱特和安妮立即上了在蒙特羅與他們會合的旅伴馬爾格雷夫勛爵的馬車，趕往當地最好的特雷蒙特旅館。

馬車剛一停下，狄更斯就高興得像個孩子似的跳到地上，飛奔著幾步就跨上了旅館的臺階，飛身跑入大廳，高聲大喊：「我們到了！」

他迅速打量了一下四周，就與顧客們高談闊論起來，彷彿他是剛剛回到故鄉的遊子一樣。

晚飯後，狄更斯披上大衣，與馬爾格雷夫一起走出旅館來到大街上。

當晚冷月高懸，寒風刺骨，地上的雪凍得又亮又硬。他們一邊跑著一邊評論著在月光下清晰可見的建築物的優劣。他們聊著笑著，沒有絲毫的倦意。

狄更斯在美國受到史無前例的熱烈歡迎。

第二天，無數的來訪者湧進又湧出，每當他外出，街道兩側都是夾道歡迎的人群，他去劇院時，周圍人們發出的歡呼聲不絕於耳。一封又一封賀信，五花八門的歡迎儀式，沒完沒了，無法推辭的舞會、宴會和集會……

狄更斯激動地對凱特說：「地球上從來沒有一個國王或皇帝受到過成千上萬人的這般歡呼和追隨。」

狄更斯還看到,從邊遠地方跋涉 2,000 多英里來到這裡的代表團,他們來自湖區、河區、林區、木屋、城市、工廠、村莊和小鎮。

幾乎所有的州政府都給狄更斯寫了信,還有許多大學、國會、參議院和各種各樣的公共或私人機構也來信對他表示問候。市長喬納森·查普曼請他做客。

著名的社會活動家、教士威廉·埃列利·錢寧博士寫信給狄更斯說:

> 這不是一場胡鬧,也不是普通的感情,這是一片真心。過去沒有,將來也不會有如此巨大的成功。

2 月中旬,狄更斯和凱特在去紐約的途中,在哈特福德短時逗留。他們在那裡每天都要接見無數的來訪者,一次兩三百人。有一天晚上,他們已經就寢了,但歌手們站在他們臥室外的走廊上,對著他們唱起了小夜曲。

他們到達紐約後,住進了卡爾頓旅館。當晚,華盛頓·歐文就登門拜訪了他們。

歐文與狄更斯早年並不熟悉。當他遞進名片後,就被領進客廳。

突然,狄更斯就像一股旋風般跑進屋來,手裡還拿著餐巾,把歐文熱情地拉到餐桌邊上。歐文對狄更斯這種不拘小節的作風甚為吃驚。

紐約的情況比波士頓有過之而無不及，無論狄更斯走到哪，都會被圍得無法脫身。

2月14日，市長等人在公園劇場為狄更斯舉行了3,000多人的盛大舞會。整個劇院裝飾得富麗堂皇，華燈高照，光彩奪目。

狄更斯為了滿足熱情的人群要求，他繞著巨大的舞廳走了兩圈，一時人聲鼎沸，歡聲雷動。然後，就開始了擁擠的舞會。

狄更斯感到疲憊了，他不得不取消18日之前的所有約會，直到那一天才去市政廳出席為他舉行的宴會。

3月初，他們抵達費城，在兩個小時裡，沒完沒了的來訪者走過他與凱特的面前，緊握著他們的手，幾乎把他的手臂拉脫臼了。他無論走到哪裡，女人們都要向他討一綹頭髮，但狄更斯為了不戴著假髮返回英國，就改為為她們簽名留念。由於人群中好多人從他的大衣上拔毛留念，它的大衣已經變得一塊塊斑禿了。

狄更斯像以前一樣，訪問了幾個公共機構，其中包括東部監獄，他對那裡的單獨監禁制度非常吃驚：

> 我相信，未必有人能看到這種延續多年的可怕懲罰強加給受害者的巨大折磨和痛苦。我認為，這種緩慢而每天進行的對大腦中樞的損害，比對肉體的任何折磨都狠毒千萬倍。

在我的一生中，我還從未為一件嚴格說來並非我自身的痛苦的事情如此不安過。

在去華盛頓的途中，他們的火車在巴爾的摩一停下來，當地的市民立刻湧到火車站，他們從頭到腳地打量狄更斯。

來到華盛頓，狄更斯受到美國總統約翰・泰勒的接見，總統看到他這麼年輕十分驚奇。

星期日，他們與前總統約翰・昆西・亞當斯一起用餐，並舉行了正式的招待會。又與羅伯特・格林豪一起用餐，狄更斯感到他的消化系統十分疲憊了。

3月15日，泰勒總統為他舉行正式的招待會。在場的2,000多人以葬禮般的緩慢步伐繞著狄更斯走了一圈，人們伸長脖子，瞪大眼睛，痴呆呆地看著他。

狄更斯感到了無聊和可笑。

無論狄更斯走到哪裡，人們爭先恐後地朝他湧來，當他離開時，人們追到更衣室，又追到馬車旁，又追到旅社，又追到他的臥室。

狄更斯越來越感到失望了，說：

雖然美國人好客、慷慨、坦率、友善、熱心、彬彬有禮和富有騎士風度，但我感到很不自在，我不喜歡這個國家，無論如何也不願意住在這裡，它與我格格不入。

我想，要任何英國人相信在這裡會感到愉快是不可能的，絕不可能的。這不是我前來參觀的共和國，這不

是我想像中的那個共和國。我寧願要一個自由化的君
主制，即使附帶著令人作嘔的宮廷通告，也不要一個
這樣的政府。

議論自由！它在哪裡？我在這裡看到的新聞比我所知
道的任何一個國家裡的都更卑鄙、更下賤、更愚蠢、
更可恥。那些報紙是如此骯髒和殘忍，以致沒有一個
正直的人會拿一張到他家中去當擦鞋墊。最可悲、卑
鄙、惡毒、卑躬屈膝、阿諛奉承、鬼鬼祟祟的黨派幽
靈侵入了生活的每一個角落。

　　儘管狄更斯對上述一切非常痛恨，但在參觀了華盛頓之
後，他還是又去了幾個地方，他訪問了一個蓄奴區，又在弗
吉尼亞州的里士滿逗留了兩三天。之後，狄更斯一行坐火車
和馬車去達哈里斯堡，為了避免被人包圍，他們在那裡登上
了一艘運河船前往匹茲堡。

　　狄更斯日漸變得煩躁不安，他們最後來到了俄亥俄河與
密西西比河匯合處的凱羅。他看見的只是：

一片熱病、瘧疾和死亡的孳生地。滿目淒涼的沼澤地
上，只建了一半的房屋搖搖欲墜。零零落落地清除出
幾碼見方的空地，地上雜草叢生，那些被吸引到這裡
來的窮途末路的流浪漢倒斃在邪惡的草叢陰影中，留
下了一堆堆白骨；可惡的密西西比河在它前面兜了個
圈子，水流湍急迴旋，然後向南流去，如同一條黏滑
而醜陋的怪物；這是一個疾病的溫床，一處醜惡的墓

穴，一片毫無希望之光的墳場。

這裡無論地上、空中還是水裡，都沒有絲毫值得讚許
的東西。

他們回到俄亥俄河，在辛辛那提上岸，坐馬車去哥倫
布，在哥倫布租了一輛馬車前往桑達斯基；之後，他們坐船
渡過伊利湖前往克利夫蘭。第二天早上，人們成群結隊到船
上來瞻仰大名鼎鼎的作家。當時狄更斯正在洗漱，凱特依然
躺在床上，一大群「紳士」竟然擠到他們的小艙室前，透過
門窗向裡窺視。

他們在布法羅下船，換火車去尼加拉，在那裡逗留了10
天，住在加拿大那邊的克利夫頓旅社裡。

大瀑布最初驚得狄更斯目瞪口呆，使他一下子消除了煩
躁之感，然後他感到了心靈的寧靜、安謐，對死者的平靜的
回憶，對永久的休憩和幸福的遐想，使陰鬱和恐怖的感覺一
掃而光。尼加拉在狄更斯心頭留下了至美的印象，永不磨
滅，他寫道：

尼加拉瀑布，優美華麗，深深刻上我的心田；銘記著，
永不磨滅，永不遷移，直到她的脈搏停止跳動，永
遠，永遠。

在加拿大，狄更斯能愉快地重新置身於英國人中間，這
裡的人們還沒有因為只顧發財而變得粗俗和乏味。訪問了多

倫多和金斯頓之後，他們前往蒙特羅。

在這段時間裡，狄更斯和凱特每到一處，就把 4 個孩子的畫像擺放在桌子上。這時，凱特開始想念孩子們了：「狄更斯，你看我們的孩子笑得多可愛啊！」

狄更斯也開始想念故土，想念故鄉的孩子們：「我想，他們一定會長進不少了吧，也一定會更聽話了。」他拿出手風琴，對著孩子們的畫像奏起了《家，可愛的家》。

6 月 7 日，狄更斯伉儷離開美國，返回強烈思念的英國。

抨擊美國民主

1842 年 6 月 29 日晚上，麥克里迪正在攝政公園克拉倫斯門 5 號寓所裡靠著沙發休息。

這時，狄更斯的 4 個孩子剛剛被他一個一個地哄到床上去。

由於狄更斯對孩子們一直十分隨和，而麥克里迪則管教比較嚴厲，所以孩子們在他家裡過得並不愉快。

麥克里迪盤算著：「都半年了，他們也該回來了。」

突然有人闖進門來，嘴裡還高聲嚷著：「麥克里迪！麥克里迪！」

麥克里迪聞聲一下從沙發上跳起來：「是狄更斯！」

兩個人欣喜若狂地擁抱在一起：「你們都好嗎？」

隨後，狄更斯與凱特急切地問：「孩子們都好嗎？他們去哪兒了？」

麥克里迪對著臥室大喊：「孩子們，快出來看看誰回來了！」

狄更斯放開他立即撲進了臥室床上，把孩子們緊緊地抱在懷裡：「我的寶貝們，想死你們了！」

「哎呀！爸爸，好痛啊！」

原來，狄更斯只顧和孩子們一起戲鬧，竟然把一個孩子抱得腿抽起筋來。

第二天，狄更斯就穿梭般地奔走於至親好友中間，他快樂無比，高興地呼叫著每個人的名字。

朋友們得知狄更斯歸來了，也都高興萬分。他們在格林威治設宴為狄更斯接風，大家開懷暢飲，徹夜長聊。

狄更斯一時無法定下心來工作，他整天和孩子們一起吵鬧著玩遊戲，或者與朋友們一起去郊遊。

這樣一直過了兩個星期，他才動手寫旅行美國的觀感。他在美國的所見所聞和一些想法記述在他的《美國札記》一書中。

狄更斯曾經以為美國是真正的有政治自由和民主的國家。所以狄更斯決定赴美探求自己心目中可以實現普遍繁榮的方法。一開始，初到美國的狄更斯確實對美國有著良好的

印象。因為在所謂的美國模範工廠、監獄和學校中，他所看到的都只能是一些表面化的假象。

在隨後的日子裡，狄更斯以其敏銳的眼光和判斷力，發現並揭露了美國社會的醜惡現象。

狄更斯對自由、公正的追求，促使他由一個美國社會的稱讚者轉變為一個攻擊者。在他看來，只要存在不公正，存在階級壓迫，就應該無情的鞭撻，以促進公眾覺醒和公正。

他參觀了紐約那座被稱為「墳墓」的恐怖的監獄，還參觀了費城的單人牢房監獄。他對美國的極端無知及粗野感到十分吃驚。這些美國人把嚼過的煙渣四處亂吐，並且妄自尊大，自以為是人類的精華。狄更斯不僅帶著極大的諷刺說到美國的「辦公桌與櫃檯後面的老爺們」，並且根據這些觀察得出尖刻無情的結論。

描寫在紐約街頭所遇到的人群時，狄更斯特別注意到兩個「穿著節日服裝的勞動者」──愛爾蘭人。他們穿上那衣服，「就像那些只習慣穿工作服，穿上任何別的衣服都覺得彆扭的人們一樣」。

狄更斯就這樣揭示了美國制度的階級基礎，並戳穿了所謂「人人可以得到同等的機會」的神話。

訪問華盛頓時，狄更斯看到了選舉時候的幕後把戲，看到了那備受稱道的「民主」的見不得人的一面，而對這「民

主」，他還寄託過不少希望呢！狄更斯揭露了文字上的美國民主與實質上的美國民主之間極大的差別。他還作出了結論，這些結論不只是一針見血，並且一直保持著極高的現實性。

狄更斯對華盛頓眾議院的描寫，洋溢著真正的政論家的熱忱。美國監獄制度固然是恐怖的，議員們的撒謊及新聞界的受賄也確實激怒了狄更斯。

然而在狄更斯看來，這一切與種族歧視的事實相比之下，卻又算不了一回事了。

狄更斯憤怒地寫到黑人所受的迫害。他稱奴隸製為「罪惡的汙點」及「最大的恥辱」：

> 而這個時候，就在華盛頓，陳列著一張鑲在金邊玻璃框裡，讓人人都能看到並欣賞的北美 13 州獨立宣言。
> 這宣言莊嚴地宣布，人人天生平等，並由造物主賜予不可剝奪的生活、自由與追求幸福的權利。
> 這宣言面對著外賓一點也不感到羞恥，而是感到驕傲，它既不把臉轉過去對著牆，也沒有被人從釘子上取下來燒掉。

狄更斯的無情的攻擊無疑會使美國的統治階級惱羞成怒，他們「禮貌地請狄更斯先生離開美國」。然而，這並無助於減輕狄更斯對其虛偽民主的厭惡。他在《美國札記》裡用辛辣的語言揭露了美國社會的虛偽、專制和不平等：

他們太熱愛自由了，所以忍不住要自由地擺布自由女神。

他們的憂慮、希望、歡樂、情感、美德以及諸如此類的概念似乎全都熔化成了美元。

狄更斯譴責了他同時代的「活商品」販賣者、奸汙者和殺害者。他們的罪行卻得到「社會輿論」的認可。狄更斯辛辣地諷刺了美國的社會輿論，這些輿論是「以奴隸制為基礎的」，並且「剝奪了奴隸們受法律保護的權利」。

輿論和鞭子結起來，把烙鐵燒熱，把手槍裝上子彈，並且保護著殺人犯。輿論幾年前在聖路易城用慢火把一個奴隸活活燒死，輿論還讓那可敬的法官保留職位直到今天，這位法官曾對那些被委任來審判凶手的陪審官說，這樁最恐怖的行為反映了社會的輿論，因此不應受到法律的懲罰，法律也不過是輿論所造成的罷了。

輿論對法官這套理論大加喝彩，然後把凶手們釋放，讓他們在城市中自由來往，他們仍然跟以前一樣有名譽、勢力和地位。

「輿論！是哪個人在社會上最有勢力，能夠在立法機構裡代表？」狄更斯這樣問，然後簡短而意味深長地答道：「是奴隸主們。」

狄更斯在美國並沒有找到他想找的正確的道路，相反，他看到在這個一向以為是自由民主的國度出現了罪惡的奴隸

制，出於對貧困階級和弱者的同情，出於對罪惡的憎惡，他運用了極其辛辣的諷刺的筆鋒指向可惡的奴隸主，指向散播無法無天、專制、壓迫與偽善的美國政界。

當然，他在字裡行間也表達了對美國人民的敬愛：

> 美國人是天性直率、勇敢、誠懇、好客、有感情的人，教育與修養似乎只會增加他們的溫厚和熱情。正是由於有了這兩種品質，使得一個受過教育的美國人可以成為最親切和最慷慨的朋友。我絕對相信，這些品質是全體美國人民所固有的。

對美國人民的好感當然並不能阻止他對美國社會的批評。他認為美國社會有某種壞的影響，同時他也堅信人民健康的本性必定戰勝一切壞的東西。

《美國札記》從9月開始出版。狄更斯則藉機出去遊玩，他在布羅德斯太爾斯逗留，在那洗海水澡、散步、遊玩，與福斯特、麥克萊斯和朗費羅參觀了倫敦的貧民窟。

10月底，狄更斯又與福斯特、麥克萊斯和克拉克森·斯坦菲爾德一起去康沃爾，遊覽了廷特格爾、聖麥可峰和洛根搖石，並在「天涯海角」看了日落。

等狄更斯年底回到倫敦，發現《美國札記》出售得很快。他開始創作新的小說《馬丁·朱述爾維特》。對國家及人民命運的關懷，決定了他這本新書中譴責的尖銳性。

狄更斯一直熱心於社會公益事業。正如福斯特所說：

所有旨在推進現實的社會改革的運動，如爭取改善衛
生方法爭取實現窮人的免費教育、爭取改善勞動條件
等運動，他都熱心贊助，直至生命的最後一息。
他有求必應，隨時隨地答應主持關於上述議題的各種
會議，他慷慨解囊，贊助一切慈善團體，無論是私人
團體還是地區的組織。

正是因為如此，狄更斯受到了廣泛的讚譽，人們總是習慣於把這位善良的大作家與自己的切身利益相聯繫，視他為真善和公正的保護神。從一定意義上說，他已不僅僅是一個偉大的作家。我們還可以說他在很大程度上塑造了這個民族。

卡扎米昂說得好：「一些道德方面的原因使英國免除了一場革命，狄更斯在這之中產生一定的作用。」

狄更斯依然看到公共馬車停在小市鎮的旅店門前，對他來說，這種外省懶洋洋的生活就是幸福的景象。整個青年時代，他都在觀察一個新的英國的形成。

1819 年，工廠裡出現了第一批蒸汽機，1830 年，第一輛火車頭開始運行，機械織機的數量每年都在增加。突然，人們發現城市不斷擴大，農村裡的人越來越少。工作變得更加艱苦，孩子們甚至也不能倖免。我們很難想像當時孩子們的生活是什麼樣子。五六歲的孩子在工廠裡每天要搖十二三個小時的紡車。

　　但沒有人對此提出抗議，因為當時流行的哲學是「任人去做，任人去行」，人們厭惡感情，頌揚成績。

　　狄更斯認為，正是資產階級的利己主義思想造成了這個社會的種種悲劇。尤其是美國，這樣一個為世人所公認的民主國家的典型代表，使他對資本主義社會更加失望。

　　在《美國札記》中，狄更斯還只是對這種現象進行冷嘲熱諷，而到了《馬丁‧朱述爾維特》中，則變成了狂叫怒號。狄更斯指出：

> 美國社會最本質的特徵在於，把金錢當做民主，以財富來衡量公正。在所謂的民主的面紗下，一切都是以金錢交易為目標的不公正和種族壓迫。
>
> 他們不僅買賣機器、食品、衣物等一般商品，而且也買賣人體器官；他們不僅買賣有形商品，而且也買賣人的良心、榮譽。人們的喜怒哀樂最終都依賴於金錢來實現。

　　他簡潔而突出地描寫了波金斯少校 ── 這美國「最可敬的人們的典範」：他「在行騙上有最突出的天才，若說到創辦銀行，商議借款或成立那種把礦產、瘟疫與死亡販賣給成千成百的人家的地產公司，他做起來能比得上國內任何有才幹的人」。

　　這裡只要提起他把伊甸的一塊倒楣的土地賣給馬丁這件事便夠了。無恥地騙了老實的顧主之後，美國商人們卻對這

顧主的事業表示一種諷刺的關懷。

「他們幹嘛對他這樣大驚小怪呢？」馬克‧塔普里在出發往伊甸之前，這樣問蓋契克上尉，因為他想弄明白，馬丁買了那塊地後，美國人為什麼把他當聖人似的來瞻仰。

「我們的人喜歡刺激，」上尉回答道，「他跟一般的移民不一樣，正是因為這點，他刺激了我們的人，由於這個原因，史開德是個聰明人，到伊甸去的人，從沒有一個能活著回來的！」

在狄更斯的眼中，黑奴制是美國「自由」之虛偽的最好的證據。馬克‧塔普里指著雇來搬運行李的一個黑奴對查達爾維特說：「當這個人還年輕的時候，他腿上吃過槍彈，膀子上挨過刀砍，他那活生生的肢體，被人像切魚肉似的割成一道一道的裂痕。」而塔普里顫慄著講述：「他的脖子被鐵項圈擦傷，他的手腳也戴過鐵圈，那痕跡至今還在。」

狄更斯認為，資產階級因為他們所崇尚的「民主」，他們可以踐踏民主，因為他們所追求的自由，他們可以限制他人的自由，他們有這樣的權力，因為他們有錢。在小說中，狄更斯寫道：

> 很快地便通過了一項決議：決定給某某制憲法官送一
> 塊獎牌，這位法官曾經用法官的職位制定了這樣一個
> 高尚的原則：任何白種人可以成群結隊去謀殺黑人，
> 這樣做是不犯法的。

決議還決定另外把一塊同樣價值的獎牌送給某某愛國人士，這位愛國人士曾以立法議院高級成員的身分宣稱，若遇著任何主張解放黑奴者來訪，他和他的朋友們會不經審判便把他絞死。

剩下的錢，大家同意用來促進自由與平等的法律的實行，這些自由與平等的法律，使得教一個黑人唸書認字從實際出發，比在光天化日的街市上把他活活烤死更罪大萬倍，危險萬倍。

小說裡介紹的美國商人和「公共活動家」都拿自己對「合理的」自由的忠誠來自我誇耀。這「合理的」自由是他們靠七響左輪、帶刺刀的手杖和長刀子來維持的。

狄更斯的階級同情在他對美國社會的態度裡表現得淋漓盡致。他的階級同情不僅給予了本國的貧苦階級，更無私地給予了世界上所有的受壓迫和受奴役的人。

狄更斯帶著極大的憤怒來描寫美國的統治階級：

他們使自己的國家墮落到這樣的地步，以致誠實的人都鄙視它，這樣，也就使得尚未創建的國家的權力也受到了威脅，甚至使人類的進步也受到了威脅。可是他們卻無知覺，即使有所知覺，也滿不在乎，就像他們街上那些在爛泥裡打滾的豬一樣沒知覺和不在乎。

狄更斯對美國社會統治者的這些尖刻的描寫有普遍的適用性，他的階級同情心無一遺漏地表達出來。他對普通群眾

的關切和同情越是深刻，他對統治階級不知廉恥的剝削和壓迫越感到無比的憤怒，而這更進一步展現了階級同情。關於這一點，可以從狄更斯對美國的一段批評中得以表現：

> 在起程回國的時候，馬克・塔普里說到美國之鷹，他這樣說：「我要把它畫得像隻蝙蝠，因為它近視；畫得像隻矮腳公雞，因為它好吹牛；畫得像隻喜鵲，因為它太老實；畫得像隻孔雀，因為它愛虛榮；畫得像鴕鳥，因為它把自己腦瓜子埋在土裡，就以為誰也看不見它了。」
>
> 這時候馬克的朋友，藍龍飯店的老闆娘，卻在哀悼著馬克，以為他送了命，她嘆息道：「他怎麼會跑到美國去的呢！為什麼他不隨便到一個野蠻人的國家去？野蠻人吃起人來倒是很公道的，人人都有平等的機會！」

描寫馬丁在美國經歷的那個連載部分到達美國時，全美國掀起了軒然大波，文學史上還沒有任何別的事引起過這樣一股波及整個大陸的怒潮。

卡萊描述說：

> 整個美國佬的國土像一隻巨大無比的汽水瓶一樣「嘶嘶」地作響。

而狄更斯自己則說：

> 馬丁使得他們在大洋彼岸全都瞪著眼睛，語無倫次，完全發了瘋。

　　狄更斯也收到數以百計的包裹，裡面全是責罵信和對他抨擊的報紙，但他將它們原封不動地退給了郵局。

創作充滿樂趣

　　1843 年的聖誕節是西方特別盛大的節日，然而在人道主義作家狄更斯的眼中，聖誕節卻不是一片光明與歡樂，他又把這金碧輝煌外衣下的齷齪與黑暗揭示出來，宣傳他的人道主義思想。

　　在聖誕到來之前，狄更斯正在抓緊創作他的第一篇聖誕故事《聖誕歡歌》。他從這一年起連續 6 年，幾乎每年寫一本關於聖誕節故事的小說，如《聖誕歡歌》、《鐘聲》、《爐邊蟋蟀》、《生命的戰鬥》、《著魔的人》等，這些小說後來總題為《聖誕故事集》，孩子們從此把狄更斯與聖誕老人聯繫到一起了，在這些小說中，影響最大的是《聖誕歡歌》。

　　這部小說的寫作完全主宰了狄更斯的感情，他一下痛哭流涕，一下哈哈大笑，反覆無常。

　　凱特擔心地看著他。而狄更斯卻反過來安慰妻子說：「不必為我擔心，我正常得很，只是寫作太投入了。」

　　好多個夜晚，當人們都已經進入夢鄉的時候，狄更斯卻獨自一個人走在漆黑的倫敦街道上，他漫無邊際地遊蕩，往往一晚上要走 15 或 20 英里。

《聖誕歡歌》批判了當時崇奉金錢的政治經濟學理論，這種理論的集中展現就是「經濟的人」這一抽象概念。小說中斯克路契的形象則是這一概念的具體化身。

斯克路契的品行是極端自私的，他一生關心的就是錢櫃、帳簿和發票。他以剋扣職員的薪水為樂事，他最恨的是別人掏他的腰包，除了貪得無厭、拚命刮錢以外，一生沒有任何別的目標。

《聖誕歡歌》表現出作家對「小人物」遭受的悲慘命運及無法擺脫這種命運的感傷，也抒發了作家心目中「聖誕節精神」的理想。

這就是：對別人如兄弟般的情誼能夠發展成為對全人類的福利更積極的關心。它告訴讀者：人們生活的需要不只是麵包，人們生活的目的不只是為了做買賣；人類如果沒有愛和被愛的需要，任何方式的生活都不會帶來幸福。

為了實現這種理想，作家在小說裡提出了自我改造與互相幫助的要求、調和階級矛盾的呼籲，宣傳有產者應該改變冷酷的心腸，「仁愛」地對待弱小者。

斯克路契這樣轉變過來以後，偷偷地送去一隻火雞給受過他虐待的職員克拉契表示懺悔；他擺脫了過去一個人孤零零生活的狀況，懇切地去見他的侄子，他心中產生了愛，於是也就有了被愛的希望。

　　狄更斯對弱者和不幸者充滿同情，對貧窮者的謀生之計，懷著和善的感情。他把生活看得非常簡單，而這又進一步加深了他的樂觀主義。他認為生活是美妙的，一切真善美的東西最終將永存於世間。這一切形成了他及他作品中的天真的樂觀主義特色。

　　在他的作品中，所有的邪惡勢力最終都得到了應有的懲罰。所有的壞人最終都被真善美所感化。相應的，所有的好人都獲得了人們的一致認可和上帝賜予的幸福生活。他想要宣揚的是，正義終將戰勝邪惡，真善美是天堂和人世間最終的決定力量。

　　狄更斯把整個世界簡單化為幾個場景和層次。他把他的樂觀主義融會在這幾個場景中，他對聖誕節的描寫便集中展現了這一點。

　　狄更斯的世界首先包括聖誕節早晨一個城市的街道：在街上，天氣特別冷，人們在剷除門前石頭路面上的積雪，把積雪從屋頂上掃落下來時發出的聲響，好像在演奏一支粗獷、活躍、並不刺耳的樂曲。

　　與此同時，男孩子們欣喜歡快地看著這些人為的、小小的雪崩滾落下去。天空陰沉沉的，氣候或生活中沒有一點特別值得高興的事，然而，卻瀰漫著一種愉悅的氣氛。或許最美好的夏天和最明媚的陽光也無法製造這種氣氛。他們互相

投擲雪團，如果擊中了對方，他們就開心地哈哈大笑；若沒有擊中對方，他們也同樣開心地哈哈大笑。

烤肉店半開著門，水果店卻顯示出它們的全部光彩。人們看到一籃籃碩大、滾圓、飽滿的栗子，很像興高采烈的老紳士的心。人們看到堆得像高高的金字塔似的梨和蘋果和懸掛著大串大串的葡萄。

還有食品雜貨店。穿過其半開半閉的門縫，可以看到裝在裝飾精美的盒子裡的無花果和李子。真是美極了，以致顧客們在門前擠來擠去，把他們買的東西遺忘在櫃檯上，然後又跑回來尋找。他們犯了不少這樣的小錯誤，但卻露出最好的笑臉。

與此同時，食品雜貨商和他的夥計們表現得如此誠實，以致他們用來別圍裙的光滑的銅質心形鈕釦像是他們自己的心，他們驕傲地把心捧出來讓大家看。

火雞、紅腸、肉糜、布丁、正直、善良，還有一種忍受下來的、稍微有些樂趣的貧窮和一種可愛的、善意的孩子氣，光滑的銅質心形鈕釦，這些就是構成狄更斯氣氛的主要內容。

狄更斯在聖誕節的描述中，極力想繪製出一幅和諧、輕鬆的生活畫面。在這個畫面中，人們都是真誠的、正直的、善良的和仁慈的，因而，人們也都是愉快的和幸福的。人們

在生活和相互交往中能夠互相諒解，始終微笑著。

這正是狄更斯所期望的一個民族的特徵，精神上的富足遠遠超過了對物質生活的追求。唯有如此才可能有一個愉悅的民族，樂觀的國家，美麗的世界。樂觀主義也因而成為狄更斯及其作品的一個重要特徵。

在這樣的樂觀的生活圖畫中，狄更斯把生活極度地簡單化，他把整個世界分成好人和壞人兩人部分，純粹的好人和純粹的壞人。

一邊是人民大眾，他們善良、和藹、溫柔；另一邊是可怕的野蠻人，他們具有古代劊子手的容貌，總是高舉著拐杖、拳頭或者刀劍，對這些人別無他法，只有揍他們或者把他們吊死。

對生活的這種極度簡單的理解，進一步加強了他對真善美力量的信心，從而更加強了他的樂觀主義態度。因為，人們生活裡艱難的、憂鬱的理由之一，就是生活提出了許多無法解答的問題。

狄更斯作品給人的這一印象極大地緩和了苦澀的現實，給人們信心和力量，正義和公正終將戰勝一切邪惡。未來一定是美好的。狄更斯的幽默顯然也在表達著這一主題。

事實上，他成功地實現了這一目標。他也因而受到了廣泛的尊敬，成為改變一個民族的偉大作家。

　　狄更斯雖然一直投身於艱苦的寫作之中，謝絕了一些社交活動，但是，他卻極為喜愛一種娛樂，那就是在宴會上給喜愛的朋友們或是在家裡為孩子們表演魔術。

　　1843 年聖誕前夕，是麥克里迪的女兒尼娜的生日，而麥克里迪恰好在外地不能趕回來，狄更斯熱情地為尼娜舉行了宴會。

　　之前，狄更斯為這次宴會做了充分的準備。他事先買了魔術師的全部裝備，連著幾個晚上獨自在房間裡練習怎樣讓手錶在一處失蹤，而又出現在另一處；怎樣把錢從一個口袋變到另一個口袋裡；怎樣把手帕用一根火柴點燃，然後用魔棍一指，使手帕又恢復原樣；怎樣把一盒糖一翻手變成一隻活蹦亂跳的小白鼠；怎樣把麵粉、生雞蛋和各種作料倒進一頂男用禮帽，拿到熊熊燃燒的火焰上煮熟，卻倒出一隻熱氣騰騰的青梅布丁，最後把那頂禮帽完好無損地還給主人。

　　12 月 21 日，宴會正式開始，而狄更斯的魔術也在他的執著練習下，自認為非常完美了。

　　尼娜的生日宴會別開生面，異常熱鬧。因為如果麥克里迪在家的話，孩子們反而不敢這樣盡情地快樂，他們家的孩子見了這個嚴厲的人都膽顫心驚的。

　　狄更斯像個孩子一樣快活地高叫著：「麥克里迪不在家，孩子們，大家盡情歡樂吧！」

　　孩子們都歡呼雀躍：「好啊！快樂萬歲！」

　　福斯特在狄更斯變魔術時當助手。他們全力以赴，表演得汗流浹背，似乎陶醉在演出中了。

　　全場的人也都深受感染，一起盡情地說笑。

　　尼娜高興得一邊拍手鼓掌，一邊大聲稱讚：「狄更斯叔叔，你是我見過的最好的魔術師，你的節目精彩到可以在公開場合表演，可以用魔術來謀生了！」

　　晚餐之後，大家跳起華爾茲舞，他們喝香檳，高談闊論。

　　直到一位女士看了看表，驚呼道：「已經半夜了！」大家才紛紛衝向衣帽間，歡樂的氣氛一直持續到最後一分鐘。

　　狄更斯以後又在新年之夜在福斯特家裡表演了魔術，接著1月6日在德文郡巷自己家裡為一群孩子和成年人表演了一場，以慶祝兒子查理的生日。那一天，他和福斯特穿得像魔鬼一樣。

　　孩子們在讚嘆度過了一個美妙的夜晚之後，又向狄更斯提出了一個要求：「我們巷子的那個大煙囪總是冒黑煙，嗆死人了，您能把它變好嗎？」

　　「魔術師」正在興頭上，他說：「這個嗎？按說可以，但這是個大魔術，需要時間，我試試看吧！」

　　第二天，狄更斯就寫信向地方處理單位建議：「檢察官先

生，請您關注一下居民巷裡那支危害健康的煙囪。」

對方很快就給他回信說：「狄更斯先生，我發現這個煙囪和你沒有任何關係，如果你有什麼事，可以直接來找我。」

狄更斯再次提筆寫道：「先生，我發現扛著煙囪去見您不方便，請您來檢查一下，說說那個煙囪到底有沒有毛病？」

不久以後，那個煙囪就得到了治理，再不冒嗆人的黑煙了。狄更斯的「魔術」也就更受人歡迎了。

這段時間，狄更斯的身體一直不好，他耳朵「嗡嗡」響，喉嚨嘶啞，鼻孔變紅，臉色發青，兩眼流淚，關節抽搐疼痛，脾氣也越來越急躁。

而且，狄更斯和他的父親一樣，為款待自己的朋友常常費去很大的開銷，而他的夫人又根本不會也不願意理家，再加上《馬丁‧朱述爾維特》和《聖誕歡歌》沒有獲得他預期的收入，倫敦的物價又那樣昂貴，這使他個人生活難以維持下去。於是他決定換個環境好好休息一下，也可以節省家庭開支。

狄更斯決定帶著家人到國外去生活一年。

他買了一輛四輪馬車，把自己的房子租了出去。然後在奧斯納堡大街9號辦了一席豐盛的酒菜，向親戚朋友們告別。

1844年，寬敞的馬車套著4匹大馬，狄更斯帶著妻兒，還有小姨喬琴娜離開英國，車輪滾滾，鈴聲叮叮，他們先後到了義大利、瑞士和法國。

旅居國外繼續寫作

1844 年夏天,狄更斯帶著全家,在巴黎居住期間,留給他最美好、最愉快的記憶,是在皇家廣場一座很漂亮的房子裡跟維克多·雨果的會見。雨果此時已因《巴黎聖母院》等作品而蜚聲文壇。

這兩位文壇巨星,都抨擊醜惡、揭露虛偽,都歌頌善良、追求光明,都把深深的同情與希望寄託在社會底層的小人物身上。因此,兩位互相慕名的偉人一見如故。

7 月中旬,他們來到了義大利風景優美的海濱城市熱那亞,在郊區阿爾巴羅住進了巴格那萊羅別墅。

這所房子是安格斯·弗萊徹為他們找的,所以底層給了弗萊徹,其餘的房間由他們居住。

狄更斯欣喜地對全家人說:「哦!這裡既優美又幽靜,我可以靜靜地寫作和生活嚕!」

狄更斯雖然帶來了寫給熱那亞許多權貴的介紹信,但他並沒有使用它們。可是不久,那些權貴就都來登門拜訪他了,其中包括英國和法國駐該地的領事。

狄更斯按照老習慣,大多避而不見,他對妻子說:「凱特,還是辛苦你吧,留下你與他們周旋。」

而他自己則去洗海水浴,在附近散步,或到山裡逛逛,走遍了熱那亞的各個偏僻角落。

　　但與大多數英國遊客不同，狄更斯並不只是遊山玩水，他一邊旅遊，一邊苦心鑽研當地的語言，天天堅持不懈，還雇了一個義大利人與他交談。終於有一天，狄更斯欣慰地對凱特說：「我在街上可以像獅子一樣勇敢。有時我走投無路，就鼓起勇氣與人交談，膽子真是大得驚人。」

　　但是，剛到這裡的時候，當地的氣候大大出乎他的意料，非常悶熱，天空也不比他過去在漢變斯德特思經常見到的更藍。

　　同時，這裡的蚱蜢大得出奇，叫起來聲音驚人。這裡的人也非同尋常，兩個在街頭談得很投機的朋友就像馬上就要拔刀拚命的樣子。

　　這裡的事情還是有許多讓狄更斯招架不來。

　　有一天，在法國總領事為他舉行的一次宴會上，一位義大利侯爵為他朗誦了幾首自己寫的詩。狄更斯並不喜歡這些描寫若因維爾攻占丹吉爾之類的愛國者風格的詩，但出於禮貌，他還是用專注的眼神表明自己在認真地聽，並且裝出一副欣賞的模樣，以示讚美。

　　由於狄更斯的表演很逼真，侯爵深受感動，熱情地邀請他去參加一次大型的招待會。他去了，會上大家又吃冰淇淋，又跳舞，快樂了一陣子。

　　狄更斯一邊吃著一邊悄聲問身邊的人：「請問這個招待會快結束了吧？」

　　但那人告訴他，跳舞和吃冰淇淋還要持續 4 個小時。

　　狄更斯大吃一驚，他立即決定要趕在熱那亞的城門於午夜關閉之前離開。

　　狄更斯悄悄退出場外，摸黑奔下山坡，途中絆倒在一根橫在街中的木柱上，頭朝下摔了一跤，爬起來時，又沾了一身白灰，好在人沒有受傷，只是衣服撕破了。

　　於是他繼續向城門跑去，終於在最後一刻到達門前，然後走回家去。

　　3 個星期後，狄更斯又經歷了一次大驚嚇，他的弟弟弗雷德克來看他，他們一起去游泳，不料差點被捲進激流之中淹死，幸虧一艘剛離港的漁船救了他。

　　狄更斯驚魂未定，他事後對凱特說：「親愛的，看來我們不得不搬家了。」

　　10 月，一家人從海濱遷到了熱那亞市區，住進了義大利最漂亮的帕拉佐·佩雪埃爾魚池宮。

　　魚池宮占地寬廣，從這裡可以眺望城市和海港的迷人景色。宮殿高高的大廳裡有米開朗基羅繪製的壁畫，庭院裡有許多噴泉，微風拂面，帶來陣陣花香。

　　狄更斯站在魚池宮大廳裡，凝望著四周的景象，大聲地感慨說：「我陶醉在無際美妙的夢境之中，這簡直就像童話中的宮殿。」

　　狄更斯發現，他在義大利能生活得像個王子一樣，而所用的開銷，在美國只夠維持一個窮詩人的日常生計。他結交了一些情投意合的朋友，天氣也慢慢好轉了。

　　但是，讓狄更斯深為煩惱的是，他一直無法定下心來工作，他憂傷地對凱特說：「我非常想念倫敦，覺得自己像被從故土中拔了出來。這裡有噴泉又能怎樣？即使它們噴出的是神仙飲用的美酒，也遠遠不會像德文郡巷的西米德爾賽克斯噴水裝置那樣叫我歡喜。你知道，只要晚上把我放在滑鐵盧橋上，讓我盡情地四處遊逛，我就會在回家之後迫不及待地奮筆疾書。但是在這裡我卻怎麼也無法定下心來寫作，我就是這麼怪！」

　　這一年多來，狄更斯一直在構思一部聖誕新作，他說過：「此書寫成後將會大長窮人的志氣。」但是自從來到義大利，卻連一行字也沒寫成。

　　他自己知道想說什麼，但就是不知道該怎麼來講這個故事。一天，正當他伏在桌上苦思冥想時，熱那亞全城鐘聲齊鳴。狄更斯煩惱地把筆扔了出去：「真讓人無法寫作。」

　　然而，當鐘聲戛然而止時，狄更斯腦海中突然冒出了福斯塔夫的一句話：「我們在半夜聽到了鐘聲，饒舌老爺。」

　　這句話使狄更斯就像在大腦中開了一道天窗，他馬上把故事命名為《鐘聲》，而且從這一刻起立即就著了魔一樣投

入進去了，兩耳不聞窗外事。

這一天，省長來到熱那亞舉行招待會，熱情地邀請狄更斯參加：「大詩人在哪兒？我想見見大詩人！」

狄更斯請求領事為他的缺席說明原因：「閣下，大詩人正忙著寫書呢，他請我代他向您致歉。」

省長叫了起來：「致歉？我說什麼也不願妨礙這樣一項工作。請轉告他，我的府第敬候他的大駕光臨。但必須等他完全方便之時，而不是他在工作的時候。除非確定知道狄更斯有空，任何人都不要去打擾他。」

狄更斯已經對外面嘈雜的鐘聲無動於衷，他寫信告訴福斯特說：

> 讓熱那亞所有教堂和修道院的鐘都在我耳邊鳴響吧！我將它們置於古老的倫敦鐘樓裡，我的眼中只有這座鐘樓。
>
> 我現在經常對《鐘聲》如痴如狂。每天 7 時起床，早飯前洗一個冷水浴，然後奮筆疾書，熱情滿懷，幾近瘋狂，直至 15 時左右才罷手。這本書使我變成了一個身在異鄉、臉色蒼白的人。我的雙頰本來已經開始豐滿，現在又凹陷下去了；我的眼睛大得嚇人，我的頭髮稀疏凌亂，頭髮下的腦袋又熱又暈。我飽受了種種悲哀和不安，有時半夜裡想到它都會驚醒。
>
> 昨天完稿時，我不得不把自己鎖起來，因為當時我的

臉腫得比平常大了一倍，好笑極了。我決定遠足一次，讓腦子清醒清醒。我感到自己寫得太累了，只得就此擱筆。

11 月 3 日，狄更斯終於寫完了《鐘聲》，他捧著書稿大哭了一場：

我的全部愛戀和熱情都已深深地融入其中，我寫了一本異常出色的書。我一定要親自去倫敦送校樣和插圖，並到福斯特的家中向親朋好友朗誦這篇故事。

在動身之前，狄更斯觀賞了義大利北部風光，參觀了巴馬、波洛納和維羅納。他在那裡驚奇地發現，羅密歐只不過被趕到了 25 英里之外的地方，也就是從那裡到曼圖亞的距離。

他印象最深的是威尼斯：

即使最想入非非的夢想家也無法想像威尼斯的美景奇觀。鴉片產生不了這樣的美景，妖術喚不出這樣的幻影，見到此情此景，你會熱淚盈眶。它的金碧輝煌，使你如痴如狂！
我初來此地，實不敢貿然落筆，我覺得要描繪威尼斯是絕對不可能的。我在那裡度過的 3 天，是誇大了千百倍的天方夜譚。

狄更斯回到倫敦之後，在倫敦大菜市的皮亞察咖啡館，見到了他的好友麥克萊斯和福斯特。

　　朗誦在福斯特家舉行，卡萊爾、麥克萊斯、斯坦菲爾德、麥克里迪、蘭曼‧布蘭查德、道格拉斯‧傑羅爾德和其他幾位朋友都參加了。

　　狄更斯大獲成功，他激動不已，連夜給仍在熱那亞的凱特寫信：

> 如果你能看見麥克里迪昨晚一邊聽我朗讀，一邊在沙
> 發上毫不掩飾地嗚咽抽泣，你就會像我當時一樣地感
> 到有把人弄得神魂顛倒的本事是什麼滋味。

　　1845 年年初，狄更斯從倫敦歸來之後，就帶著凱特離開熱那亞南下。他們到了羅馬，參加了狂歡節。他對羅馬的舊城，對科利西姆和埃帕尼亞讚嘆不已，對新城則不屑一顧，並且認為許多英國教堂遠遠勝過聖彼得教堂。

　　訪問了佛羅倫斯之後，一行人於 4 月初返回熱那亞，這時已經過了 10 個星期了。

　　狄更斯長胖了，他自己發現，有時一挺肚子，竟然把背心上的鈕釦繃掉了。他為了不使生活變得索然無味，還蓄起了長長的鬍子。

　　6 月，全家人離開熱那亞回英國，一路上，他們馬不停蹄地遊山玩水，談笑風生。

辦《每日新聞》宣傳改革

狄更斯帶著家人從義大利返回英國之後，他得到一個消息：布雷德伯裡和伊萬斯為《鐘聲》而付給他的稿酬將大大超過查普曼和霍爾公司為《聖誕歡歌》所付的酬金。

但這時，狄更斯卻並不想借勢再寫一部小說了，他的頭腦裡有了一個更宏大的計劃——辦報，他甚至想用他的日報來與《泰晤士報》競爭。

狄更斯為其日報命名為《每日新聞》，新報紙將由布雷德伯裡和伊萬斯出版並提供部分資金，但一半以上的資金是狄更斯從朋友約瑟夫·帕克斯頓那裡籌集到的。

在發刊詞中，狄更斯宣稱：

該報不希望受任何勢力或政黨精神的束縛，將致力於反抗罪惡，促進貧民的安寧和社會的幸福。

這反映了狄更斯的理想和他的主張。他獲得了人們衷心的愛戴，以至每到聖誕節，都收到從英國各地地位低下的人那裡寄來的禮物：蔬菜、家禽、花木等。他成了英國民族勤勞、和善、愛好自由這樣美好品格的象徵。

事情剛剛有了眉目，狄更斯就為有關事宜不辭辛苦地四處奔波，他走訪了最優秀的批評家、社論作家和記者等許多人，向他們提供優於他們在其他地方所能得到的酬金。

這樣一來，其他報紙不是失去了最優秀的作家，就是不

得不靠提高他們的薪資來穩住一些作者。因此，這些雜誌的老闆既憂又怒，狄更斯成了報界的眾矢之的。

狄更斯的父親負責管理記者，他的岳父擔任音樂和戲劇評論，叔父參加了編輯團隊，布萊辛頓夫人則主辦「閒話欄目」，而福斯特、傑羅爾德、李·亨特和馬克·萊蒙等狄更斯的知己則受聘為報紙撰稿，這些人與其說是為了商業上有利可圖，不如說是為了照顧與狄更斯的私人關係。

狄更斯在忙於組織和籌備《每日新聞》的同時，他還將瓊生的《個性各異》和博蒙特、弗萊徹合寫的《兄長》兩齣戲搬上了舞臺，並在其中之一中串演角色。這就是狄更斯的過人之處。

狄更斯組織劇團排練，使他們發揮最高水準；安排布景，並不時進行修改；設計服裝、書寫海報、替木匠出主意、指導樂隊指揮、管理劇場正門、為座位編號等。此外他還兼任主演、道具管理員、舞臺監督、傳呼人和提示員。

人們都一直懼怕狄更斯的火暴脾氣，但這次他對演員們的耐心卻讓旁觀者讚嘆不已。

演員們也充分感受到了狄更斯的毅力。狄更斯告訴卡特莫爾，他要揪著他自己的兄弟弗雷德里克的頭髮把他拉到劇場來，以便「在星期一一天一遍又一遍地排練你的幾場戲，你想排幾遍就排幾遍，你可累不倒我」。

　　狄更斯雖然善於交際，但他本人並不巴結貴族。他又是演戲，又是辦報，又是寫旅行記，又是縱情旅遊，而與此同時，他還能經常在德文郡巷設宴招待賓朋。

　　經過多番周折和磨難，《每日新聞》終於取得了成功，狄更斯為記者們做了一件大好事：迫使僱主們增加他們的薪資。但是 3 個星期之後，他卻離開了報社，由福斯特來接任他的編輯職務。

　　原因在於，狄更斯總是節制不住花很多錢宴請客人，他知道，想省錢，唯一的辦法就是出國。

　　同時，凱特於 1845 年秋生下了第六個孩子，他對未來更加感到不安。

　　狄更斯對家裡的事也操心起來，1846 年一天，他從懷特弗裡來斯的辦公室給凱特匆匆寫了一個簡訊：

> 天氣真是糟透了，我真的覺得，你最好派人去畢卡第的埃金頓鋪子打聽一下，他們是否能在收費合理的情況下搭一個從當街的大門到路邊的遮篷，他們每天都做這種工作，女士們在陰雨天走這段路真是太遠了。

　　終日辦報操勞過度已經使他的健康受損，加上他覺得自己的創作能力也正在衰退。

　　於是，狄更斯詢問一位內閣大臣：「我是否有希望在倫敦謀一個高薪的差事？」

但是內閣給了他否定的答覆。

而這時，狄更斯腦中充滿著關於一部新作的朦朧想法，而他根據以往的習慣，半夜逛到最難以想像的窮街僻巷去尋求安寧，卻一無所獲。他變得比過去更加坐立不安和心神不定。

他為報紙的事傷透了腦筋，他不停地對自己說：「現在第一需要是休息和寧靜了。」

1846 年 3 月，狄更斯再次決定把自己的房子租出去，到國外去寫一本新書，以便為日後存一筆錢。

去瑞士創作《董貝父子》

1846 年 6 月 1 日，狄更斯全家再一次離開家鄉，順著萊茵河而下，一行人分乘 3 輛馬車從巴塞爾出發去瑞士洛桑。

路上走了 3 天，狄更斯當然也為大家表演了許多讓大家笑得人仰馬翻的故事。

在洛桑的吉本旅館住下之後，狄更斯和凱特開始四下尋找房屋，他們沿著日內瓦湖畔，很快就在一個背山面水的小山坡上，找到一座名叫羅斯芒特的迷人的小別墅。這個小別墅有個漂亮的花園，從那裡能看到美麗的湖光山色，而且每月只需要 10 英鎊，他們馬上就定下了這座房子，並搬了進去。

狄更斯這時心中充滿了做父親的責任感：「作為父親，我既要對兒女們今後的物質生活負責，也要對他們的精神生活負責。」

因此，他沒有立即著手寫他的新作，而是用簡單的語言為孩子們寫了篇基督的故事。

狄更斯很快就被一群親朋好友包圍了，其中有前議員威廉‧哈爾迪曼德，瑞士紳士德‧塞爾雅特、理查‧沃森夫婦。

他在瑞士逗留期間，也招待了許多英國來訪者，其中包括埃爾福茲，哈里森‧安斯沃思和剛剛結婚的湯普森夫婦。另外一個是狄更斯非常推崇的丁尼生。

像以前一樣，狄更斯依然堅持著步行的習慣，晚上工作之後，他總是要出去走上至少 15 英里。他認真學習法語，並在很短時間內就學會了流利的口語，只是還帶著明顯的英國口音。

6 月底，狄更斯著手創作《董貝父子》。

當時的英國，正處在資本主義迅速發展、殖民地遍布世界的「日不落帝國」的時代。狄更斯以深透犀利的眼光，無情地鞭撻資產階級的狂妄自大、殘忍狠毒，揭露他們靈魂深處血腥的銅臭味。

《董貝父子》正是這樣一部作品。這部作品表明作者的創作思想與藝術修養都取得了更高的成就。

　　小說的主角董貝先生，是一個經營海外貿易的資本家，他的生活原則是利潤和金錢，他認為地球是專門為他而製造的市場，太陽和月亮也是為照耀他的商務活動而存在的。他關心自己的兒子保羅，不是出於真摯的父子之情，而是出於他想使自己世世代代成為統治世界的主人的夢想；他憎惡並且拋棄了善良可愛的女兒，也僅僅是因為女兒不可能繼承「董貝父子公司」的事業。

　　可是保羅早年夭折，董貝先生自己也遭到破產，最後終因女兒的溫情感化而父女重歸於好。

　　狄更斯在這部書中，還發展了他特有的辛辣的諷刺與誇張的藝術手法。如寫董貝先生的家悲慘淒涼，到處像穿上了喪服，到處散發著墓穴的氣味。董貝本人更是遍體寒霜，他走到哪裡，哪裡的溫度就下降。這種環境描寫鮮明地襯托出董貝先生唯利是圖、冷酷無情的特性。

　　《董貝父子》的寫作，並未能保持他正常的速度，因為在這期間，他一想到同時還要完成寫聖誕故事的任務，心裡就有些顧此失彼。再則，他在洛桑期間情緒一直比較低沉，這使他面臨著精神與肉體雙重崩潰的嚴重危險。

　　9 月，狄更斯將《董貝父子》暫時放在一邊，以便著手寫作已經承諾的聖誕作品《生活之戰》，但他在寫了 1/3 後，又突然感到焦急：「我這樣爭分奪秒、全力以赴地寫這部作

品，可能會影響《董貝父子》的寫作。」

他放下聖誕故事，卻又難以違背承諾，左右為難，更加不安。於是他決定奔往日內瓦休息，換換環境後再作決定。

狄更斯的決定是明智的。在日內瓦休養之後，他感覺好轉，並再次回到洛桑，重新恢復了同時寫兩部書的能力。並對《生活之戰》和《董貝父子》的新篇章進行修改。

1846 年 10 月，《董貝父子》的第一部分出版。

這部小說受到空前熱烈的歡迎，幾乎成為家喻戶曉的作品。《董貝父子》無論從形式方面還是從內容方面而論，都在狄更斯的作品中占據特別重要的地位，它突破了早期作品中流浪漢體的影響，緊緊圍繞一個中心人物、一個主導觀念來展開故事，在狄更斯的小說中是第一部結構嚴謹的代表作。狄更斯在序言、書信中多次提到，在寫《董貝父子》時，他時刻注意「扣緊該書的一般目的與設計，並以此嚴格束縛自己」。

當小說正按月發表時，狄更斯到倫敦君主學院去探望他得了猩紅熱的大兒子，一位年老的女傭人知道了來的是誰以後，竟大聲喊了起來：「天哪，難道樓上的小先生就是『拼攏』董貝的那個人的兒子嗎？」

別人問她為什麼這樣驚奇，她說她絕不相信單獨一個人能把董貝「拼攏」起來，有人對她說：「可是你並不會讀書啊！」

　　她承認自己並不識字，但她說她跟幾個人同住在一所房屋裡，每個月的第一個星期她們都舉行一次茶會，由房東先生把當月那一期的《董貝父子》讀給大家聽。

　　「天哪！」她又說道：「我本來以為至少得三四個人才能把董貝拼攏呢！」

　　《董貝父子》以連載形式問世以後，當時便有評論指出：

> 描繪董貝這類的人物簡直是當務之急。倫敦的世界裡
> 充滿了冷漠的、裝模作樣的、僵硬的、炫耀金錢的人
> 物，想法跟董貝一模一樣。

　　由此可見，董貝的形像在當時的英國社會是具有代表性的。

　　首先狄更斯強調了董貝作為一個資產者的非人性。他把感情完全排除在自己的視野之外：「董貝父子一向跟皮貨打交道，而不跟感情打交道。」實際上《董貝父子》很少涉及具體的商業活動，它其實是一部以家庭生活為題材的小說，透過家庭關係，表現了作為丈夫、作為父親的董貝，唯其如此，更加烘托了他的冷酷無情。

　　《董貝父子》有兩處描寫了董貝先生竟然流露了一種天然感情。第一次是在他太太生了男孩之後，他到臥室去看望，「對董貝太太居然也加上了一個親密的稱呼，叫道：『董貝太太，我的親愛的』」。在他們夫妻之間這一稱呼是那樣生

疏，以至「那位生病的太太抬起眼睛朝他望去的時候，頓時臉上漲滿了微感驚訝的紅暈」。

其實即使這一次難得的感情流露，也不是與公司無關的。董貝先生想到自己得了兒子，從此以後「我們的公司，不但名義上，而且事實上，又該叫做『董貝父子』啦，董──貝父子！」他是在品嚐這幾個字的甜美滋味時情不自禁地叫了一聲「我的親愛的」！

董貝先生第二次感情流露是在看著剛出生的兒子時，他想到「他得成就一番命中注定的事業哪！命中注定的事業，小傢伙」！接著「把孩子的一隻手舉到自己的嘴唇上吻了一下，然後，好像深怕這種舉動有損他的尊嚴似的，他非常不自然地走開了」。

總之，就是這兩次不可多得的感情流露，董貝先生也感到「猶豫」、「不習慣」、「有損尊嚴」，總之是「不自然」，即不合乎他那「資本化」了的本性。

在對董貝的描寫中，作者把他比作「雕像」、「木頭人」、「全身直挺挺的不會打彎」，或是「刮得光光、剪裁整齊的闊紳士，光溜俐落，像剛印出來的鈔票」。

狄更斯用一系列冰、霜、雪之類的形象來渲染董貝的特點，他的住宅陰冷，他的辦公室淒涼。在保羅受洗禮的那一天，不僅教堂裡寒氣逼人，而且在董貝隨後舉行的宴會上擺

著的食物都是冰冷的,與席上的整個氣氛一致,坐在首席上的董貝本人猶如一個「冰凍紳士」的標本。

總之,狄更斯透過誇張的細節描寫,把董貝置於一層層冰霜的包裹之中,把他描寫成一位十足的沒有人性的冷血動物。

小說按月連載,直至 1848 年 4 月結束。狄更斯對新書十分喜歡,他完稿後對岳父說:

> 我對《董貝父子》寄有厚望,我相信多年以後人們仍將
> 記著他,閱讀它。我為它夜以繼日,嘔心瀝血,以至
> 一旦完稿了,心中反倒產生出一種無比異樣的感覺。

狄更斯這一時期的作品在思想與藝術上都更加成熟。由於英國階級矛盾日益尖銳,作家對資本主義制度的罪惡與黑暗的認識也更加深刻。因此,他以前那樂觀幻想的成分在創作中逐漸減少,那些「仁愛」的資產者形象不見了,狄更斯現在強調為富不仁者必須經過破產或其他折磨,接受感情的教育,才能真正懂得仁愛與諒解。

這些作品的藝術風格也更深刻而豐富了,小說的情節集中描寫一個或幾個矛盾的發展,描寫的社會面仍然廣泛,作品人物雖然眾多,但組織在情節發展中,層次分明,線索清楚。

輝煌碩果

天才不管做什麼，總會做得很出色，而一個什麼都想
做，卻又總是有始無終的人絕非天才，相信我的話。

—— 狄更斯

投身戲劇籌備義演

由於《董貝父子》的巨大成功，狄更斯的經濟情況得到好轉，便於 1848 年又回到倫敦居住。

一回倫敦，他立刻被一大堆與寫作不相關聯的事纏住了。他和幾個朋友受邀請為一個慈善表演會排演戲劇。

狄更斯經常說：「我當演員，一定會像當作家一樣成功。」於是他兼任這個小小劇團的導演、舞臺監督、木匠、置景，並在劇中扮演主角。

狄更斯恪守自己的格言：「一件事如果是值得做的，就應該好好地做。」他幾乎把全身心都投入到演劇中。

他對劇團的管理，就像一個家長對待自己的孩子一樣要求嚴格而又充滿關愛。他的耐心甚至能使《聖經》中以虔誠和忍耐而著稱的上帝忠實僕人約伯見了也自愧不如。他不時地糾正演員們的錯誤：

「你的朗誦不符合要求，你注意看著我如何發音。」

「喂，你這個動作看起來很彆扭，要這樣才好看。」

「記臺詞有個竅門，我來告訴你……」

「不要害怕，對自己要有信心，投入作品中慢慢體會。」

「別驕傲，藝術上要精益求精。」

「不要說『到晚上演出時將會完美無缺』的話，我要求你們在彩排時就要做到完美無缺。」

他不惜花好幾個小時教他們舉手投足，訓練他們演出時的姿勢，弄得演員們人人都累得精疲力竭。但狄更斯卻是例外，他像一位執著而又充滿熱情的表演系教授一樣，總是不停地指導每一位參與演出的演員，似乎他總是有使不完的力氣。

無論頭天練到多晚，第二天早晨一起來，昨天的疲勞一夜間就消失得無影無蹤，他一起床之後又立刻像一隻歡快的雲雀一樣精神抖擻。很多年輕演員對於狄更斯的做法都無比佩服。在演出面前，狄更斯就像是一個「鐵人」。

狄更斯聽說，劇作家謝立丹‧諾裡斯生活十分貧困，他當即表示：「我要去幫助一切搞創作的人，我不能眼睜睜看著他們過著貧困的日子。」

當時，正有人在活動著要買下莎士比亞在艾馮河畔斯特拉特福的故居，狄更斯抓住契機，想上演一齣戲，把籌到的錢讓謝立丹來管理。這樣謝立丹就不會因為錢發愁而不能進行劇本創作了。他就是這樣無私地想要幫助從事戲劇事業的同行們，他雖然很了解如何利用戲劇賺錢，但他不是「吝嗇鬼」。他樂於把賺來的錢和窮困的朋友們分享。

1848 年 5 月至 7 月，狄更斯還帶著他的劇團在倫敦、伯明罕、愛丁堡、格拉斯哥、曼徹斯特和利物浦等地進行了為期兩個月的巡迴演出，將所得的大部分錢都送給了謝立丹‧諾裡斯。

就在這次巡迴演出中，狄更斯把莎士比亞的《溫莎的風流婦女》搬上了舞臺，這齣戲在倫敦的乾草市場劇院上演了兩次，女王和共伯特親王親臨現場觀看。

演出結束後，演員們共進晚餐，雖然狄更斯身兼三職，忙得不可開交，但他仍然神采奕奕。

大家一邊吃飯一邊議論著與狄更斯的合作：

「這樣出色的演出對我還是第一次，這種場面真讓人振奮！」

「我簡直對狄更斯先生崇拜得五體投地，他太棒了！」

「是啊，他集演員、導演、舞臺監督三職於一身，還是我們出色的團長，讓我們每個人都感到快樂。」

狄更斯就喜歡這樣的活動，把它們視作生活中不可缺少的部分，因為他不能接受單調和無聊的生活。

當活動結束後，生活再次陷入了日常的單調無聊當中，狄更斯整天唉聲嘆氣：

> 我周身無力，真是可憐極了，我渴望當一名流浪漢。在帳篷裡度過了那麼妙不可言的生活，我眼下住的這座房子簡直無法忍受，我徹底玩膩了，確實精力耗盡了。我渴望刺激。難道沒有人能出個主意，讓我心驚肉跳，毛骨悚然，啊！往事，多麼令人難忘！

狄更斯再次渴望到各地去巡迴演出：「世上沒有任何事情

可以和見到全場向你矗立，面對一張張的笑臉，一陣陣的歡呼相媲美。」

不久他的機會就來了。

1850 年 11 月至 1852 年 9 月，當時有個議員叫布爾沃‧利頓，他急於想獲得其選區的持有 40 先令地產人的選票，又不能直接用錢去賄賂，於是就請這些地產持有人到克內勃沃斯去觀看狄更斯劇團演出的《個性各異》。

狄更斯非常高興地接受了這種邀請。他給了利頓明確的答覆後，就像往常一樣，立刻一頭紮進了事務堆裡，他事無巨細，事必躬親，成了一臺不知疲倦的機器人。

在一旁看他們排練的劇場領班對狄更斯說：「狄更斯先生，戲劇界一致認為，您選擇寫作的職業實在是公眾的一大損失。」

狄更斯得意地笑了：「是嗎？好多人都已經親口對我說過了。」

在最初排練時，有一次，凱特掉進了一扇地板門縫裡，腳踝扭傷得很厲害。幾個小時後，還沒等醫生下結論凱特能否繼續表演，狄更斯已經開始教喬治娜來扮演這個角色了。

1850 年 11 月，劇團在克內勃沃斯上演了 3 場喜劇。

演出異常轟動，全場觀眾在演出結束時都激動地站起身來，久久不願離開。劇院裡一直響徹著人們的掌聲與喝彩聲。

1851 年 1 月，狄更斯與沃森夫婦一起又招考了一批業餘演員，並為賓客們上演了兩齣短劇。

這期間，狄更斯與利頓協商了一個計劃。他們覺得應當設立一筆基金，來資助窮苦潦倒的作家和畫家。

利頓為此貢獻了克內勃沃斯附近的一塊地皮，並承諾寫一部喜劇，由狄更斯及其朋友在任何可能的地方演出。而演出的收入就用來在這塊地皮上修建房屋，設立基金，用來救助那些搞藝術的人們。

狄更斯於是寫信給德文郡公爵，請求他屆時出借他在倫敦的住所：「我設計了一個活動劇院，布景和機械裝置等都能在幾小時以內在任何一間合適的房間裡裝拆。如果女王和艾伯特親王能來觀看首場演出，這一事業就定能成功。」

公爵立刻回答他說：「我的僕人們，我的房屋和我的捐款悉聽您的調遣。」

狄更斯獲得了公爵的大力支持，心裡感激不盡。女王和艾伯特親王也答應前來觀看首場演出。

狄更斯抓緊於 1851 年 3 月中旬排練利頓的新喜劇《人不可貌相》。他一會找木匠，一會找布景畫家，一會又要找裁縫、機械師、鞋匠、樂師、假髮師和瓦斯管理員……忙得團團轉，後來由於在舞臺上站得太久了，雙腿腫得連長統襪都脫不下來了。

5 月 16 日，這出喜劇在德文郡廳上演，觀眾由貴族們組成，他們花 5 基尼買一張票。

同年秋，劇團赴漢諾威廣場大廳和外省許多城鎮演出，一直持續至 1852 年。

這些演出給了狄更斯展示其獨特表演才能的大好機會。他在舞臺上喜歡在 10 多分鐘內扮演 10 多種截然不同的角色，從一個極端走到另一個極端。他只需突然翻下袖口或提高衣領，就能徹底改變自己的面貌，用一些離奇古怪的表演使他的朋友們大吃一驚。

狄更斯對人觀察得細緻入微，思維和行動敏捷，臉部表情豐富，嗓音靈活多變，能非常生動地塑造數量驚人的各種角色。

他自己曾說過：

即興表演使我著迷，我說不上這其中有多少奇怪的原因，它使我感到遂心如意，所以當我失去一次表演的機會，當我不能用聲音和其他手段去扮演一個與我截然不同的另一個人時，我就感到是一種莫大的損失。演一個美妙的滑稽角色，這其中的滋味真是難以言傳啊！

不同於別人的性格

狄更斯具有強烈的個性。他無論幹什麼事情,總是全力以赴,毫不猶豫。他能將全部身心都投入到工作、娛樂、讚美和憤怒中去。

有一次,狄更斯在接受一位記者的採訪時說:

天才不管做什麼,總會做得很出色,而一個什麼都想做,卻又總是有始無終的人絕非天才,相信我的話。

而對於某些想當作家的人,狄更斯則給予忠告和提醒:

從事寫作這一行,需要把世上所有其他工作所需的耐心加在一起。

狄更斯生性坦率,熱情奔放,他對他所欣賞的人,總是直言傾訴對他們的傾慕之情,而對另外一些朋友,也總是毫不隱瞞自己的真實情感。雖然他那易動感情和剛愎自用的性格常常使一些朋友難堪,但他卻從未永久地失去一個朋友。

但是這種滲透在狄更斯生命中的天才和毅力,又使狄更斯在某些方面顯得冷酷無情和自高自大。他自己都說:「我身上老是有一種被慣壞了的孩子的氣質,儘管很少有人像我這樣在童年時吃過那麼多苦。我知道我在很多方面是一個好激動的和剛愎自用的人。在我的社交活動中,我的意志完全凌駕其上,指揮它,支配它。」

　　狄更斯甚至有時與他再好不過的福斯特都會發生衝突，因此福斯特有時也會對麥克里迪發狄更斯的牢騷：

　　狄更斯這個人，固執己見、剛愎自用，因此我福斯特這個顧問對於他已經形同虛設，他對我提出的所有意見也都充耳不聞。

　　更有甚者，由於狄更斯容不得別人的批評，這種片面的惱怒脾氣在他身上越演越烈，已經變成一種不可救藥的惡習了。

　　有人好奇地問狄更斯：「你這種壞脾氣，不知道在家裡會不會也是這樣？」

　　狄更斯笑了，他得意地說：「我的家庭事務完全根據我的古怪念頭來管理，整潔和準時是我嚴格實行的兩條規矩。」

　　幸而狄更斯生性和善，被孩子們稱為「慈善的獨裁者」，否則家人們都會無法忍受他的。

　　但狄更斯的「兩條規矩」也是必須執行的，他曾自豪地炫耀說：「我敢說，我幹一切事情都像騎兵衛隊裡的鐘一樣準時。」

　　的確如此，他與別人會面從來不差分秒，家裡用餐都會在鐘鳴開始。因此凱特和孩子們都要留心很多事情，使他們覺得在家裡很自在，甚至見到地上有一本書都會嚇一大跳，聽到鐘鳴都會心跳加速。

每當狄更斯搬到一座配有家具的房屋或租用旅館的一套房間時,他都會把房間所有擺設幾乎都挪動一遍,包括衣櫃和床,直至使他覺得「一切都井井有條」。

當狄更斯旅行住在客輪上時,他的剃鬚用具、化妝用品盒、刷子、書籍和文件都安放得井井有條,彷彿他要在船上待一個月一樣。

而且就在他從美國返回英國前的好幾天,他一直在思索他的書應該擺成什麼樣子,桌子放在哪裡,椅子放在什麼位置上才和其他家具相對應。

狄更斯也時時能感覺到自己的這種「惡習」,他有時會抱歉地對家人和朋友們說:「我的過分講究秩序和規律,也許出於對自己混亂童年的反感。」

但他們的家庭是愉快的,因為狄更斯對孩子們的慈愛更勝過了凱特。孩子們都喜歡和他一塊玩耍。

每當夏天的夜晚降臨,狄更斯便經常駕車送凱特、喬治娜和孩子們去漢普比斯特德。他們在那裡散步、採花、講故事,或者和孩子們在樹叢裡捉迷藏。就這樣能一直走到傑克斯特勞城堡。他們吃過點心後再走上返家的路。

狄更斯對孩子的愛,首先是對自己童年的愛,他透過與孩子們的嬉鬧來重溫童年的時光。

當他對孩子放鬆要求,增加與他們的遊戲時間時,孩子

們都覺得他變成了他們的大朋友。

當哪個孩子生病了，狄更斯會比任何一個護士都護理得更出色，他不但守在孩子身邊，而且給他講有趣的故事，遇到緊急的情況也懂得怎麼處理。

孩子們更多的時候，都叫他「大朋友爸爸」。

每當這時，狄更斯就會躺在孩子們中間，幸福地閉上雙眼，享受著生命對他的珍貴饋贈。

完成《塊肉餘生錄》創作

1848 年 9 月，狄更斯的姐姐芳妮因為患肺癆，拋下年輕丈夫和幾個孩子去世了。

狄更斯在姐姐去世前，他幾個小時都一直守在她的床邊，姐弟倆一起回憶著在查塔姆、羅徹斯特和科巴姆的樹林中度過的美好童年時光。他不敢相信，當時微笑著的姐姐，眼睛裡還閃著興奮的光芒，往事都記得那麼清楚，但就那樣離開了他們。

姐姐的死對狄更斯的打擊是巨大的。因為姐姐是聯結他少年成長的第一根紐帶。他感覺姐姐彷彿還在他身邊。幾天來，他哭得眼睛都腫了，他在心裡說：「姐姐，我不能讓你帶去我童年的記憶，我要寫一部小說來紀念我的姐姐，也紀念我的童年。」

　　福斯特曾建議狄更斯嘗試用第一人稱來寫作，他很讚賞
這個提議，而且想寫自己的親身經歷。於是，他就這樣寫出
了半自傳體性質的小說：《塊肉餘生錄》。

　　對主角大衛·科波菲爾的姓名，是他幾經躊躇之後才選
定的。福斯特發現了其中的偶合：大衛·科波菲爾與查爾斯·
狄更斯的開頭兩個字母完全相同，只不過是顛倒了一下。狄
更斯為這偶合非常感動，認為這是一種天意。

　　這部小說不僅有作者自己 1836 年以前的親身經歷：家庭
遭遇、童年苦難、初戀歡悅、婚姻失敗、創作成功等，而且其
中有些人物幾乎就是他自己、他的父母，以及瑪麗亞、凱特、
瑪麗這些人的影子。

　　小說寫的是遺腹子大衛·科波菲爾自幼喪父，母親再嫁
後，他受盡了繼父的虐待，被送到最差的學校去住宿。後來
母親病逝，科波菲爾被迫去當打雜小弟，受盡折磨，他實在
無法容忍極度的屈辱與痛苦，終於逃到姨婆家中，得到姨婆
的撫養與照顧，並受了良好的教育。後來他在律師事務所工
作，雖然受了不少挫折，但他為人正直，富於同情心，意志
堅定，終於成為出色的作家。

　　小說中的許多人物和故事，都是根據狄更斯個人的經歷
或者是自己生活中熟悉的人物和故事寫成的。例如大衛·科
波菲爾最初讀書的那個實行棍棒教育的薩倫學堂，他在倫敦

摩‧格公司所過的洗瓶子、貼商標的童工生活，他旅行歐洲大陸和成為名作家的經歷，大衛娶的那個美麗、天真而不善理家的妻子朵拉等，都和狄更斯的經歷相似。小說中其他人物如密考伯先生，正是狄更斯父親的寫照。

當然，大衛‧科波菲爾不等於狄更斯，有些經歷就完全不同，例如大衛的父母雙亡，狄更斯則雙親健在；大衛的妻子朵拉很早夭亡，狄更斯則與妻子凱特共同生活著。狄更斯和大衛的性格也有差異。狄更斯既有性情溫和、善良、寬厚的一面，也有粗暴、無情的一面；而大衛‧科波菲爾則完全是溫文爾雅、善良和藹的。

因此，小說不完全是自傳。它只是採用第一人稱的手法，以主角大衛‧科波菲爾的成長過程作為中心線索，反映了 19 世紀英國維多利亞女王統治時代的社會生活。

狄更斯很快就完全沉浸在小說的寫作之中，並邊寫邊發表。《塊肉餘生錄》的第一期於 1849 年 5 月問世。

在這部書中，他以大衛‧科波菲爾的遭遇為線索，把貧窮化的小市民階層生活的各個方面串連起來，構成了一大串連續的畫面，塑造了大群人物的雕像。尤其是對那些趨於破產的小市民人物，狄更斯都描寫得非常生動感人。

小說揭露了資產階級對兒童的殘酷剝削、司法界的黑暗和議會制度的虛偽，描繪了正在資本主義道路上迅速發展的

英國五光十色的社會風貌，表現了作者對困苦弱者的同情。

狄更斯寫這本書的時候，正是 1848 年法國資產階級民主革命高漲的時刻，它帶動了歐美各國革命運動的蓬勃興起。狄更斯也受到這次革命的重大影響，因此《塊肉餘生錄》對現實的認識和描繪都更加深刻，它展現了那個時代廣闊的社會畫面，有著深刻的社會意義。

狄更斯沉浸在創作之中，如痴如狂。

女兒瑪米就要過生日了，她看著陷入創作狂熱中的父親，憂慮地說：「爸爸，您能參加我的生日宴會嗎？您的參加就是我最好的生日禮物！」

狄更斯放下手中的筆，慈愛地摸著女兒的頭說：「放心吧，孩子。就算有最特殊的約會，爸爸也會設法擺脫掉，專門參加我心愛的女兒的生日宴會。」

瑪米幸福地親了親父親的額頭，她放心地出去玩了。她知道，父親答應的事從來不會食言。

這時，狄更斯的事情更多了。他養成了向公眾演說的習慣，因為演說的成功，每一個慈善團體開會時都請他去做主席。他極為忙碌，因而不得不嚴格安排自己的作息時間，來保持早起工作，午後散步的習慣，並仍能經常深入市井中。

《塊肉餘生錄》創作得有些緩慢，狄更斯有些焦急地說：「《塊肉餘生錄》寫得我才窮技盡。昨天和今天我沒有一絲進

展。我心裡知道我想說什麼，但卻像一輛馬車一樣，只能緩緩地爬行。」

狄更斯的工作一直處於緊張的亢奮狀態，有時走在路上，仍然沉浸在小說的構思中，7月分，有一次他被絆得重重地跌了一跤。摔傷使得寫作速度更慢了。

狄更斯在治療摔傷時，因為用拔火罐的方法，卻把身上燙起了好幾個泡。他就到布羅德斯太爾斯的阿爾比恩海邊試著吹海風的療效。

這天，狄更斯從海邊回來，看到路邊有一家書店，他隨便走了進去。

這時，有一位婦女跟在他身後也走了進去，她對店員說：「先生，我想買最新的《塊肉餘生錄》。」

店員拿了一本遞給她。

「這不是最新的，我早就讀過了，我要下一期。」

「對不起夫人，下期要等到月底了。」

那位婦女失望地轉頭走了。

這件事讓狄更斯心靈受到了極大的震撼，下期要等到月底？而現在他還一個字都沒寫呢！

他匆匆趕回家，對凱特說：「我必須馬上投入寫作。我生平從來沒有這麼擔心過。」

整個1850年，狄更斯都投入在《塊肉餘生錄》中，他的

思緒也隨之回到過去的記憶，往事歷歷在目，甚至在夢境中也經常出現。

只有狄更斯的朋友們，透過他偶爾寄給他們的書信，才能了解狄更斯的工作狀態。書信中說道：

感謝上帝，我現在對這篇故事充滿了信心。這個月的內容我已構思完畢，下兩個月的也全都有了眉目。

我寫得非常得心應手，毫無煩惱和不快。

這兩天來我工作異常努力，昨天一直工作 8 小時，今天是 6 個半小時。又完成了一切，我覺得這一切寫得好極了。我希望我的主角的第一次墮落會引起讀者的注意，使他們窺見一條荒誕的真理。我寫得筋疲力盡，徹底累垮了。

我衷心希望，將來，許多年以後，為了小愛彌麗的緣故，人們仍將記得我。

我開始擔心我能否去你那裡了，因為《塊肉餘生錄》是當務之急，明天必須完稿。當然只要可能，我會去辦此事的，我將盡力而為。我希望這一部分中有一些美妙的喜劇式的愛。

對朵拉依然拿不定主意，但是今天一定得作出決定了。

儘管家事纏身，但工作進展很快。我希望這一期能寫得相當出色。我對故事的每一個細節都感覺到了。

這幾天來我拚命地寫，同時還必須殺死朵拉。只要順

手，明天我也許就能把她結果掉。

我昨天把這期的內容朗讀給斯通和喬治聽，兩人聽罷悲不自勝。我希望你讀了後也不會無動於衷。

我現在距離彼岸僅差 3 頁了。像往常遇到這種情況時一樣，心中會湧起一種奇怪的感覺。悲喜參半。哦，我親愛的朋友，假如我把今晚從《塊肉餘生錄》那裡得到的感覺講一半給你聽，那麼即使是你，聽了後都會覺得我的這番自白是多麼的不可思議。我似乎已將我自己的一部分軀體送入了那個陰森森的世界。

我剛剛寫完《塊肉餘生錄》，不知道是該笑還是該哭，我想到什麼地方去逛幾天，我想去羅徹斯特，我小時候在那裡待過，這樣可以把這兩星期來寫的東西忘掉。

1850 年 11 月，《塊肉餘生錄》最後一期發表，狄更斯在序言中莊嚴地寫道：

由於這本書講的是我本人早年的經歷，所以寫作時思緒萬千，猶如泉湧，我得花很大的力氣，才能把那些與情節無關的片段摒棄。我的夢通常是關於 20 年前的事情，我常常會把目前的處境與它們相混，並弄得很亂，但我 20 年前的往事卻清晰可見。

我結婚 14 年了，有 9 個孩子，但我不記得有哪一次夢見我有這麼多責任，或者被這些親人包圍著。

在我的所有著作中，我最喜歡這一部。我對於從我的

想像中出生的子女，無一不愛。正如許多溺愛的父母，我在內心的最深處有一個得寵的孩子，他的名字就是「大衛‧科波菲爾」。

《塊肉餘生錄》的成功超過了他已發表的其他作品，許多讀者由於看出了這本書的自傳性質而更增強了對它的興趣。它給狄更斯帶來了深遠的影響，以至在當時文壇上達到了獨一無二的程度。

這正像狄更斯寫給麥克里迪的信中所說的：

我希望能建立起一座永垂史冊的豐碑，這是我孜孜以求的，並在對豐碑的歡呼聲中結束我的創作。但願這本書能成為我所期望的那樣一本好書，可以傳諸你的子孫後代，一直給他們閱讀。

《塊肉餘生錄》很快被譯成其他國家的文字。從此以後，狄更斯不僅是英國一位大作家，而且成了當時英國唯一被人們崇拜的偶像，成為名傳歐、美兩大洲的傑出小說家。

一些原先瞧不起狄更斯的上層社會的紳士、淑女們，現在看到他有名、有錢、有地位了，紛紛邀請他參加他們的宴會、舞會和社交活動，以顯示他們懂得詩文、尊重人才。

作為社會底層人民代言人的狄更斯，仍然保持著為人灑脫、善於戲謔、不奉承權貴的作風，而且往往故意挖苦、嘲弄那些老爺、太太們。

成為名作家以後的狄更斯並沒有心滿意足，「如果我吝惜我自己，我就要生鏽、分裂和死亡」。他下定決心，用更多更好的作品繼續對社會問題、對人間弊病進行尖銳的批判和鞭撻。

創辦雜誌《家常話》

1850 年 6 月，狄更斯寫信給麥克里迪說：「我被《塊肉餘生錄》和《家常話》兩邊夾攻，忙得應接不暇，就像一隻蜜蜂。」

原來，早在狄更斯在放棄了《每日新聞》之後，他的心裡又開始盤算著準備創辦一份週刊的計劃。

狄更斯為這份雜誌作出設想：

這份雜誌應該成為生活的一覽，成為時代精神的反映，要有評論，有忠告，有漫談，應該關注我們社會狀況的普遍改善，尤其是應該具有趣味性。

當《塊肉餘生錄》進程過半時，狄更斯再次給福斯特寫信商量這件事，並設想了好幾個雜誌名稱：《知更鳥》、《人類》、《查爾斯·狄更斯》、《夥伴》、《家庭之聲》等。最後，他從莎士比亞的《亨利四世》中找到了一個最中意的名稱：《家常話》。

《家常話》於 1850 年 3 月 30 日正式問世。

　　有人原本認為，狄更斯的小說寫作任務非常繁忙，他還兼任劇團舞臺監督、演員，再擔任演說家和記者的職務，他還要操勞著家庭事務。那麼，在過了創刊的那一陣熱情之後，肯定會把雜誌的編輯工作推給助手去做。

　　但是沒有，狄更斯對《家常話》的管理是面面俱到、事必躬親的。不管是在家還是外出的時候，他都把雜誌的事放在心上。

　　狄更斯給他的助手威爾遜提出了明確的指示：

> 凡是呈交給你的文章和小說，不管章節、字跡，你都要仔細認真地批閱，需要錄用的文章要認真錄用，需要修改的要認真修改，該退稿的要堅決退稿，但要特別注意發現新作者和新的選題。

　　與此同時，狄更斯從工作中擠出時間來，為一些稿件進行縮寫、擴寫或改寫，甚至不惜花費更多時間，以他的思維方式替別人重新改寫。但他自己的文章也要按時寫出來。

　　有時狄更斯這種努力是費力不討好的。有的撰稿人在作品刊登出來之後，發現作品被刪改或潤色過，有一些他們自己以為不錯的段落被刪掉了，心裡很不高興，專門致函狄更斯問罪。

　　狄更斯雖然依然不改變他的思維方式，但他給作者們付稿酬的時候又多又及時，那些自尊心受到刺激的人也就很快

都原諒他了。

《家常話》還有一條與別的雜誌不同的嚴格規定：不準用真實姓名來發表作品。

有好多的讀者對此很是納悶：為什麼如何眾多的文章都明顯帶有狄更斯的風格？

其中的一個重要原因，就是因為大多數的稿件都經過了狄更斯的修改。雖然狄更斯給撰稿人寫信作解釋、提建議所花的時間和大多數編輯花在社論上的時間差不多，但他仍然樂此不疲。

狄更斯的父親和岳父都在《家常話》雜誌社當差，而喬治·奧古斯塔斯·薩拉則更是憑藉《家常話》而嶄露頭角，並很快成為著名的作家和記者。

狄更斯住在倫敦的時候，他通常每天上午從 8 時至 11 時在韋林頓的辦公室裡工作，他一邊口述，一邊走過來走過去，把體力腦力都一齊運動起來。

《家常話》自創刊之初，就大膽披露各種社會弊端，但是，卻不允許刊登私人醜聞。他關注著自己周圍的一切，為大家說明：為什麼和平團體總是愚蠢的，為什麼裁軍是輕率的……他攻擊一切形式的壓迫，嘲弄種種假話，調侃愚蠢的行為，揭發殘酷的惡行，嬉笑怒罵，入木三分，使雜誌在郊區比在倫敦西部貴族居住區更加受歡迎。

狄更斯讓他的作者務必記取的最主要的教訓是：每篇文章都應該寫得妙趣橫生、引人入勝。他不止一次寫信指示威爾遜說：

> 不管一件事寫得如何睿智，如何深奧，如何真實，除非它很有吸引力，否則還不如不寫。
>
> 要把雜誌辦得活潑、活潑、再活潑！

雖然狄更斯經營《家常話》嚴肅而又認真，但當他心情好的時候，仍然不改老習慣，喜歡和人開開玩笑。

有一次開會，到會的卻只有狄更斯和約翰·魯賓遜兩個人。魯賓遜早就聽說過，狄更斯是一個非常準時的人，他與人會面時總是分秒不差。

這時，魯賓遜的心裡不禁有些心慌：「估計一下狄更斯一定會照規定時間準時開會，而其他人又沒能到場，我到時該如何應付呢？」

在沒到時間之前，他們倆一直討論著當前的一些新聞，開會的事一點也沒提。

時間到了。

狄更斯一分鐘也不差地說：「約翰·魯賓遜先生，你同意我當會議主席嗎？」

魯賓遜壯了壯膽子，跟狄更斯開了個玩笑：「我完全信任狄更斯先生可以維持大規模集會的秩序。」

於是，狄更斯就認真地宣讀了上次會議的記錄，接著兩個人討論提交本次會議審議的各項決議。

狄更斯表情非常嚴肅，用各缺席成員的聲音和態度提出各項決議，又以倡議者、附議者和主席的資格提出建議，然後就展開了討論。

討論偶爾還會被魯賓遜、狄更斯和「其他成員」所打斷。狄更斯唯妙唯肖地模仿著福斯特、威爾斯、布雷德伯裡、埃文斯等人的腔調說話。

所有決議全部透過之後，就被一一記錄在案。

狄更斯站起身，嚴肅地宣布：「由狄更斯、魯賓遜兩人參加的多人大會，圓滿結束。」

《家常話》旗開得勝，1850 年年底，狄更斯完成了《塊肉餘生錄》的寫作之後，對雜誌更加關心了。

遭遇父亡子夭雙重打擊

1851 年，狄更斯的許多時間，都花在了串演喜劇、發表演說和操心家庭私事上。

年初，他的第三個女兒從一出生，凱特的身體就一直沒有恢復過來，母女兩個有一段時期甚至都虛弱得奄奄一息了。

狄更斯因此經常陷入自責之中：「我這些年為了旅遊，為了寫作，為了更多的表演，從來沒有去關懷她，看著她原本

健壯的身體日漸消瘦，現在竟然一病不起，我深感慚愧。上
帝啊！如果能給我一些時間，我一定會對妻子孩子們彌補我
的愛。」

　　也許狄更斯的誠心感動了上天，女兒終於痊癒，凱特也
轉危為安，3月她已經能夠獨自下地行走了。

　　醫生建議說：「也許你們可以換個環境，心情也會有所改
變。這樣可能對她的病有些作用。」於是他們搬到了馬爾文
的克納茨福特旅館居住，孩子們住在德文郡巷，喬治娜則和
凱特住在一起。

　　此後的好多個星期裡，狄更斯一直往來奔波於倫敦和馬
爾文之間，他的時間在特別快車上花去了不少。

　　即使這樣，狄更斯仍然很好地安排了麥克里迪的告別演
出，並為他組織了一次宴會，還排演了利頓的劇本，並按時
為《家常話》編寫稿件。

　　禍不單行，他的父親偏偏這時又病倒了，並被送進了
醫院。

　　約翰一直患有膀胱疾病，但他一直沒有對別人說起過。
為了救命，必須為他做一次不能用麻醉藥的手術。

　　狄更斯對凱特說：「這是外科上最可怕的手術，但老人以
驚人的毅力挺了過來。手術完畢後我馬上去看他，只見手術
活像一所血跡斑斑的屠宰場。他快活、勇敢得令人驚奇，我

卻緊張得不知所措。打算去給他張羅各種必需品，我的手卻抖得無法寫字。」

但是，手術卻仍然沒有把頑強的約翰挽救回來，他於3月31日去世了，享年65歲。狄更斯把父親安葬在高門公墓，他在墓碑上對父親「熱誠的、實際的、愉快的精神」大加頌揚，他一直對父親敬佩有加，「我越活得久長，就越覺得他好」。

父親的去世，讓狄更斯深感痛心，他連續幾夜不能入睡，「往事歷歷如在目前，於是我感到自己彷彿被一根大頭鉛棒擊中了」。

狄更斯一連多少天，都守護著才5個月大的女兒朵拉。4月14日晚上，他不得不離開女兒的床邊，去主持戲劇基金總會的宴會。在他演講之前的一個半小時，福斯特就接到了朵拉夭折的消息，但一直等到狄更斯演講結束離席時才告訴他。

次日凌晨，福斯特帶著狄更斯寫給凱特的信前往馬爾文，鑒於凱特的病情還很不穩定，狄更斯強壓住悲傷之情，盡量把信寫得婉轉：

親愛的凱特：
注意，你必須十分緩慢和小心地讀這封信。我們的女兒朵拉病了，病得很厲害。
注意！我不會騙你。

我認為她病得很厲害。我想,我對你,親愛的,為什麼要這麼說呢,我覺得她似乎很難康復了。但是,我最熱烈地懇求和命令你回家時要十分鎮靜。

記住我常對你說的話:既然我們有這許多孩子,我們就絕不可能避免其他那些父母所忍受過的痛苦。而如果……如果在你回到家裡,當我不得不對你說,「我們的小寶寶死了」的話時,你得對餘下的幾個孩子負起責任來,顯示出你是值得受到他們莫大信任的。

記住我的話,福斯特會接你回家。

—— 狄更斯

謝天謝地,凱特看了這封信,表現還算鎮定。

朵拉在她祖父去世的兩週後,也與他一起被安葬在高門公墓。

狄更斯被父親與愛女去世這兩次打擊攪的心煩意亂,不得不把《貌惡心善》的首場演出延後了。

雖然狄更斯被事務纏身,一天到晚都沒有一點空閒,但因為凱特的病情一直不見好轉,他只好盡量擠出一點時間來帶著她到處走走。

狄更斯挽著凱特的手臂,一邊走著一邊對她說:「希望透過環境的變化和運動,能使你的精神得到調劑,病情得到恢復。」

5月至10月間，狄更斯又租下了布羅德斯太爾斯的堡壘式住宅。但是，這個地方已經變得越來越不安靜了，狄更斯住在那裡依舊心煩意亂，他給朋友寫信說：

> 除非下著大雨，我寫不上半個小時，總有那種最使人難以忍受的風琴聲、鐘聲、鈴聲，或無伴奏多聲部聲紛紛傳進來。我要麼緊閉門戶，躲在屋內寫寫雜誌上的文章，要麼退避三舍，逃離住所。

到了夏天，狄更斯就開始十分興奮地忙於改建他的新居。因為他所租住的德文郡巷1號的房屋已經到期了，於是他決定在塔維斯托克廣場修建新的居所。

狄更斯可以說廢寢忘食，殫精竭慮，他甚至「比日理萬機的首相都更加繁忙」。

但是，狄更斯對英國工人的辦事緩慢非常惱火，他去信給他的小妹夫、公共衛生專家亨利·奧斯丁說：

> 我在夢中都一直不斷地在這房子裡跑上跑下，並被那些工人拌得東倒西歪。當我聽到他們一到吃飯才有精神時，我就變得垂頭喪氣，當我想到每到星期天就看不到他們的身影時，我感到沮喪。
>
> 午飯的肉汁湯裡我嘗到一股骨膠味，在海裡我聞到了油漆味，石灰的鬼影成天追著我，我夢見我成了木匠，但卻無法把大廳隔開。

我常常和一大群顯要人物在客廳裡跳舞，並因為餐廳裡缺少一根柱子而跌倒。我每晚都夢見這些工人，他們對著我做鬼臉，但卻動不動就橫七豎八地躺下，什麼都不做。我不知道我的房子什麼時候才能完工。

他還想知道工匠做這件事的時間和費用：「你做完這項工作所需要的最長時間是多少？守時和迅速是我辦理一切事情的必定依據和首要條件，我把這兩點看得至關重要，所以我認為有必要把它們作為我訂立合約的主要條款，而你們必須牢記在心。」

1851 年 10 月底，狄更斯告訴亨利‧奧斯丁說：

雖然油漆匠大部分時間都在吹口哨，木匠大部分時間都在想自己的心事，愛爾蘭小工為一點小事就吵個不停，裱糊匠經常呆呆地盯著一個地方發愣，鋪地毯的工人敲打著梯毯夾條哼著小曲，但房屋修建還是有了明顯的進展。

11 月初，狄更斯全家終於搬進了他們的新居。

創作諷刺小說《荒涼山莊》

1851 年，狄更斯在修建新居的同時，還在醞釀創作一本新的小說，他說：

> 哦！假如能一直保持下去就好了。我完全沉浸在一本新的小說的醞釀之中，故事情節已經在我的腦子裡打轉，但是這些工人啊，蠢事啊，又在腦海裡浮現。有了寫作的衝勁，但要寫又無能為力。

而 11 月搬進新屋之後，狄更斯就著手創作新作《荒涼山莊》，並於年底完成了第一卷。1852 年 3 月開始發表，逐月連載。

《荒涼山莊》的主要情節圍繞一樁神祕的財產訴訟案展開。小說創作採用了象徵手法，一開始就描寫倫敦的濃霧覆蓋著一切，用濃霧象徵英國的烏煙瘴氣和窒息人性的現實社會，象徵黑暗堡壘，大法官庭遮住了光明。狄更斯還給《荒涼山莊》抹上了嚴肅、深沉和灰暗的色彩，毫不妥協地揭露和諷刺了英國司法界、政界的陰暗面。

在該書最初幾章大獲成功之後，狄更斯的小兒子愛德華·布爾沃·利頓·狄更斯於 3 月 13 日降生，這時，狄更斯已經被頭腦中的孩子占據了整個思想，他正經受著創作上的「分娩劇痛」。他告訴朋友這個故事的情節：

很久以前，一位叫賈迪斯的人發了大財，臨死前留下遺囑。該遺囑離奇古怪，幾乎無人能讀懂。其後代中有的因為弄不懂遺囑而自殺，有的變瘋，而有的則勞累身亡，耗盡了幾代人的青春與幸福。無數精明的律師為它忙碌，大法官為之開過無數次庭，但案子始終沒有結果。直至最後遺產不足以支付訴訟費用，該案才不了了之。

《荒涼山莊》是狄更斯最長的作品之一，它以錯綜複雜的情節揭露英國法律制度和司法機構的黑暗。這部小說內容諷刺英國古老的「大法官庭」的作風，是司法體制邪惡、無能的象徵。小說描寫了一件爭奪遺產的訴訟案，由於司法人員從中徇私舞弊，竟使得案情拖延 20 年。

而除了這起遺產官司外，它還並生出了另一條軸線，那就是一個戴洛克男爵的妻子，她早年曾經失足，與一個上尉軍人生下私生女艾瑟·薩莫森。艾瑟純真善良，後來和一對表兄妹被與該遺產案有關的「荒涼山莊」主人約翰·詹狄士收為被監護人。

在一個偶然機會裡，男爵夫人的私生子醜聞被那一群兀鷹一般善於詭辯的律師得知了，於是毫無底線的質問開始了。他們並不只是為了邪惡的好奇，而是要借此來對男爵夫婦威脅圖利。在整個過程裡，他們無所不為，包括整死了無辜的流浪少年，藉著挑撥分化而剝奪著許多人際關係，最後

是其中的一名律師被他所利用的人殺害，男爵夫人離家出走，死於風雪中，而那起遺產官司也因訴訟標的被完全耗光而自動結案。

多數評論家如蕭伯納、卻斯特頓、康拉德、崔爾琳等人皆認為這部小說是「創下小說寫作高峰」，也是第一本「法律小說」。

當時，德文郡公爵邀請他去查茨華斯玩幾天，但狄更斯捨不得放棄一個寫作的週末。他還謝絕了好幾個對他相當有誘惑力的邀請，他說：

> 認真地說，當我撰寫一本書的時候，我必定把它放在我的生活的首位，專心致志，絕不顧及其他，這是我從長期寫作中悟得的經驗。我心甘情願地放棄交際應酬的快樂而在創作的苦思冥想中得到滿足，還是讓被我虛構出來的那些朋友去宴席就座吧！
>
> 就《荒涼山莊》整體而言，它是個把驚悚的傳奇包裹在道德和人性關懷密網裡的故事，讓人們看到邪惡的操控支配，報復心態等力量與向上昇華的純真、善良相互爭戰，最後是善良獲勝。
>
> 而從細部來說，這部小說則有更多意旨了：它談論愛情、壓迫、不切實際的幻想、一個時代的結構與價值改變、體制的不公不義。
>
> 它是一部萬花筒式的眾生相。它有關廢墟的敘述，替艾略特的《荒原》做了最好的準備。它對法庭和律師

這種行業的揭發，不但啟示了《城堡》與《審判》，也讓「體制之惡」的問題浮上水面。甚至它那種抽絲剝繭，讓真相顯露的筆法，也大大影響了後來的通俗偵探驚悚小說。

《荒涼山莊》裡有關司法和律師為惡的這個部分，狄更斯其實已展現出無比的透視力。在這裡他看到了司法權力在自我不斷生產後，已自動地成了一匹邪惡的怪獸。它肆無忌憚地吞噬著一切與它有關的人與事。那是一種體制化之後的暴力與邪惡之源。它已非關個人的是否善良，而成了一個自動化的機制。狄更斯對惡律師的那些精準描述，以及由此而延伸出來的「體制性邪惡」，單單這個部分，就足以讓這部作品不容易忘記。

而狄更斯作為人道寫實主義高手，當然不會只停留在這種消極的層次上。在這部小說裡，像荒涼山莊男主人約翰‧詹狄士，私生女艾瑟，以及另一美麗善良的被監護人艾達‧克萊爾都是純真、無邪心的正面人物，他們不把人際關係視為一種可以剝削利用的資產，因而心存善念。這是人性的光明之源，穿透了那茫茫黑霧，成了救贖人性的起點。而這種在黑暗裡仍能看到光的呈現方式，也正是狄更斯作品的特性。

因此，《荒涼山莊》乃是一部非常好看的真正經典之作。在小說敘事上，它開創出了一種「雙重敘述」的表現手法。小說在主幹部分是第三人稱的全知敘述，而另一部分則由主

角之一的私生女艾瑟以自敘方式來表現，它銜接完整，相互呼應，從早期理論家卻斯特頓到晚一些的哈洛‧卜倫都推崇這是一種高難度、高表現的突破。

而在故事細節上，英國現代警察偵探制度始於 1842 年，比這本小說早了 10 年，因而對世事知之甚深的狄更斯，遂將現代偵探推理的邏輯用來作為呈現真相的過程，這使得作品的懸疑性大增，只有讀到終卷，才有恍然之感。這種把世界視為一個神祕文本而加以細讀的推理方式，也使得閱讀本身增加了許多悲喜交集的氣氛。

最重要的是這部作品在宏觀角度上對價值與社會變遷上所做的細部觀察和願景呈現。它除了指出司法的體制性邪惡和所造成的體制性壓迫外；對維多利亞時代那些頹廢沒落的貴族階級，以及仰賴貴族的寄食階級，都作出了細膩描寫。

《荒涼山莊》透過對德洛剋夫人和她的丈夫德洛克爵士的描寫，揭露了貴族階級的腐朽沒落，指出了這些貴族人物生活糜爛、心靈空虛、思想僵化、陶醉於家族的煊赫歷史而看不到時代的發展，從而揭示出這些寄生蟲必然滅亡的命運。

而更獨特的乃是小說裡對倫敦貧民窟的「廢墟書寫」，乃是一種首創，道德與人際關係的敗壞，社會的壓迫，使得它成了黑霧中的黑暗中心，予人無比的驚懼之感。但也就在看到貴族沒落、城市敗壞的同時，狄更斯也看到了資本主義工業文明的新合理性，這種新的合理性，加上書中無時不在

的善良純真，遂成了拯救沉淪的起點。當然更別說小說裡有關純真之愛，捨己為人之愛等有關高尚價值的呈現了。

關注貧民的佳作

狄更斯的工作一直處於緊張的亢奮狀態，什麼工作他都想做，而只有進入工作他才能忘卻自己。他在家裡也是這樣。他關心家裡的各種瑣事，不管是孩子們的演劇、遊戲，還是準備聚餐會或者參加村裡的板球比賽，都少不了他。

如果某一個孩子或僕人病了，只要他一走進病房，病人就會精神振作起來了，似乎他有著給人帶來安寧的魔力。

1852 年，狄更斯 40 歲時這樣談論他自己說：

> 我變得不能休息，我十分相信，假如我愛惜自己，我
> 就要生鏽、分裂和死亡了。而死於工作將好得多。

狄更斯就以這種忘我的工作熱情，進入了創作活動的高峰。1848 年革命失敗以後，歐洲各國政府出於對革命的恐怖，都加強了反動統治。這種惡劣的政治形勢並沒有嚇倒狄更斯，他說：「憲章運動的恐懼和謠言不時震動我們，可是我懷疑政府在利用這些事為自己的目的服務。」

狄更斯用他的筆，毫不妥協地對資產階級罪行和資本主義制度進行了尖銳的批判，一部部優秀作品接連奉獻在讀者面前。

1853 年，週期性的工業危機已經日見端倪，失業人數猛然增多。

狄更斯這時也開始關注貧民問題：「我不會相信任何統治形式會帶來幸福，也不信任歷屆政府，無論是輝格黨還是托利黨。我深知，他們的主要目的都是為了他們自己的利益。」

他對下議院極端蔑視，儘管人家幾次答應讓他免去競選花費進入議會，但他仍然拒絕。他說：「我同情的是備受壓迫的人們，並要盡一切力量幫助他們。世上的成功者沒有一個比我更不重視有錢，也沒有一個比我更不輕視缺錢。」

狄更斯是《家常話》的負責人，當時有人向他建議，如果撤銷了紙張稅的話，他就可以從中得到好處，可是他沒有堅持這一要求：「捐稅，如肥皂稅，應該先予廢除。我們不能利用自己的天才獲准，也不能利用週刊謀利。」

狄更斯在錢財方面相當慷慨，他借錢給那些經濟上遇到困難的朋友，救濟那些寫信向他要食物、衣服、燃料、現金的人，隨便到哪裡去，付小費時都很大方，而對於生活艱難的藝術家，他更是傾盡全力相助。他安排助理編輯威爾斯和專門雇來的另一位工作人員霍爾茲沃思，負責發放救濟金事宜。

狄更斯不僅限於照顧個別特殊情況，他還親自一一調查倫敦的平民區，與安吉們·伯德特·庫茨兩人共同對付清理平民區的問題。

他們到貝斯納爾‧格林去挑選了一塊稱作新斯科舍花園的地方，那裡在狄更斯眼裡其實就是一個大糞堆，是盜賊和妓女所生的孩子們玩耍的骯髒的場所，他不由悲憤地大聲疾呼：

> 看著失業和赤貧的人們，看到那些半飢不飽的極其野蠻的父母，還有衣不蔽體、無人照料的孩子，都生活在令人噁心的院落和骯髒的巷子裡，這些觸目驚心的場景無不讓人悲傷難過。
>
> 這裡的房屋門窗破落，地板腐爛，牆壁殘破，到處瀰漫著糞便的臭氣。這裡的人們靠撿垃圾維持生計，這裡傳染病肆虐，虱蟲遍地滋生。
>
> 在我們國家，由於衛生條件而導致的死亡人數遠遠超過了在國外死於戰爭的人數，把募集來用於戰爭、毀滅他人的錢，都拿來拯救無數英國人的生命吧！

一個冬天的夜晚，天上飄著冰雨，狄更斯與一個朋友在華爾特徹波爾的泥濘中跋涉。他們還在走訪貧民窟，盡力給那些可憐的人送些衣服，找個棲身的地方。

他們來到一家貧民收容所，忽然看到牆邊有 5 捆「爛布團」，狄更斯好奇地走上前去，這才看清原來是 5 個人，他們絕望而無助地縮成一團，收容所的臨時救濟處已經滿了，無法再接納他們了。

狄更斯立刻大步走進收容所，找所長交涉：「外面有 5 個可憐蟲，您知道嗎？」

「我沒看見，但我想肯定是有的。」

「您不相信他們會在那裡？」

「我信，興許比5個還要多呢！」

「是男的，還是女的？」

「我想是女的。因為這些姑娘受僱采了一段時間蛇麻草以後，又來到倫敦找工作，但是找不到，僅有的一點積蓄又花光了，於是只好去乞討或賣淫。可能其中有一兩個昨天和前天夜裡就在那裡了。」

「您是說她們通宵都在那裡嗎？」

「很可能，不過我們已經把帶小孩的婦女都收下了，裡面再多一個人也住不下了。」

狄更斯呆呆地站在那裡，一時想不出更好的辦法。

他和朋友走出收容所，詢問那幾個婦女，她們又餓又髒，雖然看起來年紀還很輕，但已經憔悴不堪。

狄更斯給了她們夠吃晚飯和食宿的錢，這才惶惑地離開，他回頭看時，她們全都萬念俱灰，人人變得麻木無力。沒人說話，也沒有抱怨。沒有朝他們看一眼，也沒有表示感謝。

狄更斯絕望地想到：一個社會竟然容許發生這樣的事情，將來不知會如何收場？

像這樣的場面，狄更斯在幾個月中接連經歷了很多，但那些有產階級卻對貧民的悲慘境地無動於衷，甚至有些人還

在盲目樂觀地鼓吹說經濟繁榮，發著橫財的商人享受著金錢的快樂而視若無睹。

面對這一切，狄更斯忽然產生了一種強烈的創作慾望，他要揭露這樣殘酷黑暗的社會現象，而小說的名字就叫《艱難時世》。

《家常話》於 1854 年 4 月 1 日至 8 月 12 日連載了《艱難時世》。

這時候，英國憲章運動已被鎮壓下去，工人階級反抗運動處於低潮，但狄更斯由於始終沒有離開中下層平民，比較清醒地看到了潛藏的尖銳的階級對立，所以他對社會的批判不僅沒有減弱，而且越來越尖銳，特別是他的筆觸第一次指向了資本主義社會的主要矛盾，即勞資矛盾，使得他的創作發展到了一個新的高度。

小說以一個虛構的，但具有工業中心城市特點的焦煤鎮為背景。這裡，從高聳的煙囪中冒出無窮無盡的濃煙；蒸汽機發出的聲音震得人們頭暈目眩。控制著焦煤鎮每個居民的命運的，是退休的五金批發商人、國會議員兼教育家湯瑪斯·葛萊恩和紡織廠廠主龐得貝。

龐得貝和葛萊恩是好朋友，他們一起控制著市鎮的經濟體系與教育機構。他們注重實利而且不講情義、自命不凡，以功利主義作為生活原則。負責侍候龐得貝的是寡婦史巴斯特太太。

　　葛萊恩對子女的教育主張「實事求是，腳踏實地」，他們在學會走路時，就被趕進教室，終日和數字打交道，他們不允許閱讀詩歌和故事。葛萊恩把年輕的女兒露意莎嫁給了年齡比她大得多的龐得貝，寡婦史巴斯特太太嫉妒她，使她受盡痛苦，導致女兒婚姻破裂。她責備父親：「你的哲學和教育都不能救我了。」

　　在葛萊恩自己的教育主張下，他的兒子湯姆被迫協助龐得貝工作，湯姆過慣了牢籠式的生活，一旦走上社會，他生活放蕩而且負債纍纍，偷了龐得貝銀行的錢逃跑，躲到馬戲團裡，扮演一名小丑。當盜竊被揭穿後，湯姆也引證父親的「事實」哲學來為自己辯護，斷言根據統計學，社會上永遠有一定百分比的罪犯，而他就是其中之一。

　　經過了一連串的慘痛教訓，又受到馬戲團的女孩西絲‧朱浦的感化，湯姆逐漸地改變了生活態度，被父親送到美洲。但病死在省親的途中。

　　龐得貝捏造身世，竟至連親生母親都不認。他吹噓自己是白手起家，誣衊工人由於妄想過奢侈生活才產生不滿情緒。以此來麻痺工人，最後真相大白，弄得眾叛親離。5年後龐得貝中風猝死在焦煤鎮的街上，露意莎再嫁了人。

　　這是兩個失去「人性」的資產者形象。

　　狄更斯還從他的理想出發，塑造了與葛萊恩和龐得貝相

對立的另兩個人物，即充滿「仁愛」精神的人道主義思想化身的工人斯蒂芬和西絲。

1854 年，狄更斯在寫給友人的一封信中說：

> 我的諷刺是針對除了數字和事實，其他什麼都看不見的人，是針對那些最卑鄙、最可怕的罪惡的代表人物的……

7 月 14 日，狄更斯說自己「七分瘋三分醉，發狂似的寫《艱難時世》」。17 日完稿時他又說：「一旦完成，我感到簡直無法恢復冷靜，即使像平常那樣猛烈地東衝西撞，也無濟於事。《艱難時世》的寫作緊緊地抓住了我的喉嚨。」

他為了寫作《艱難時世》，不得不濃縮《家常話》的文章，這樣又使他大傷腦筋。

《艱難時世》的發表使《家常話》的發行量猛增一倍多，因為小說本身為雜誌做了宣傳。

為了寫這部小說，狄更斯曾到北方工業城市普萊斯頓進行調查，實地觀察了當地的罷工運動。在那裡，他曾對殘酷剝削工人的資本家表示強烈的抗議。這次調查使狄更斯的作品有了更堅實的基礎，他對工人階級受壓迫受剝削的悲慘狀況及反抗精神有了更切身的感受。

當時，狄更斯下榻在不久前人們集會的公牛旅社。

當他看到一份義大利報紙上報導說「群眾包圍了公牛旅

社，直到女主人在高層窗口英勇地露面講話！」之後，不想讓人們誤解英國的勞動人民，就告誡那些記者說：

> 據我所知，英國人是普天之下最勤勞的人民。他們在空閒時間讀小說消遣，不干其他壞事，你們應該感到滿意了。他們生來做苦工，直至死亡。天啊！我們還要他們怎樣呢！

在小說中，狄更斯描寫了工業城鎮中恐怖的生活現狀，宣傳窮人也應該與富人一樣享受公平、衛生條件和自由，抨擊社會上的各種害人蟲，尤其是那些表面上大談為公眾造福，實質上卻是謀私利的人。同時，他還無情地揭露了英國工業資產階級的金錢統治，狠狠地嘲弄了典型的官僚主義思想。

《艱難時世》成為了 1850 年代描寫企業主與工人衝突的重要小說之一。

難忘初戀舊情

緊張的創作勞動與各種繁忙的事務，消耗了狄更斯巨大的精力。他覺得很疲憊，精神上時時感到壓抑，他常常想去海濱或國外，甚至想到澳洲換換環境。他談到自己這時的心情時說：

> 心緒完全像一團亂麻，多麼古怪啊，永遠不安靜，永遠不滿足，永遠追求著始終得不到的事物，永遠充塞

著情節、計劃、憂慮和煩惱。人被一種不可抗拒的力量驅策著，直至這旅途走完！我不知道我有沒有一天能恢復從前的心境？有一些也許能恢復，但絕不能完全像從前一樣。

狄更斯這次打算到巴黎去短暫住上幾天。

他正打算動身時，突然意外地接到了一封署名「溫特夫人」的來信：

> 狄更斯先生：
> 久別數載，想不到我會給你寫信吧。我不知道，你現在是否還記得我。
>
> 瑪麗亞

原來，這位溫特夫人不是別人，就是狄更斯當年的初戀情人瑪麗亞。那一刻，狄更斯被這封遠方來信拉回了久遠的歲月。那些陳年往事「就像夢一樣地重現了，我就像我那墜入情網中的年輕朋友大衛·科波菲爾一樣」。他懷著複雜的心情給溫特夫人瑪麗亞回了一封信，說：

> 收到你的信，使我不禁想到自己曾經的一往情深，頭腦中有關你的記憶更加使我激動，這是任何一封其他人的書信無法讓我感受到的。
> 往事依然歷歷在目，猶如我從那以後一直生活在真空裡，在自己房子以外的地方再也沒有看到或聽到過我的名字。要不是那樣，我還有什麼價值可言！寫作和

成功還有什麼價值可言。

我最近要去巴黎，我是否能為你或者你的孩子買些什麼？希望溫特夫人不會介意。

狄更斯與 1851 年剛剛結識的朋友柯林斯來到巴黎之後，下榻在墨里思旅館。這時柯林斯身體感到有些不適，狄更斯就一個人在巴黎遊逛。

正在這時，狄更斯又收到了瑪麗亞的來信：

狄更斯先生：

我一直很抱歉，當年為了追求名譽和舒適拒絕了你的愛，結果反而弄得名利雙失。當年我們年輕時的分離是由於某種誤會。

如今收到你的回信，真讓我感到欣喜若狂。現在能夠與你，當代最著名的作家保持朋友往來，甚至以後世人也將會知道我曾是你最熱烈的初戀情人，我覺得我並非一切都喪失掉了，並將感到無限榮幸。

瑪麗亞

狄更斯讀到她在信中表明他倆是由於「誤會」而導致的分離，於是就寫了一封措辭更熱情、更親密、也更熾烈的回信：

我早期的成功都要歸功於你，在我一生中最天真、最熱情、最無私的日子裡，您是我的太陽。

自從您使我遭受痛苦以後，我就再也沒有像從前那樣

善良了。您還賦予了我創作《塊肉餘生錄》中朵拉的
靈感。我深信，說希望也無妨，您可能有一兩次把書
放下，想：「那青年愛我愛得多深！他把往事記得多
麼真切！」

但是，狄更斯經過再三的考慮，並沒有去見瑪麗亞，因
為她在信中自我描述說她「牙齒脫落、肥胖、蒼老和醜陋」，
他不想打碎她以往她完美的印象，只是這次，狄更斯用了
「我親愛的瑪麗亞」作為開頭，他寫道：

我親愛的瑪麗亞：

啊！字跡依舊，然而我讀到的字句卻是我以前從未讀
到過的。顯然為時已晚，我還是懷著極大的激動讀完
了它。我懷著往日的柔情讀著它，柔情化成更加悲哀
的追憶，那是我無法用簡短的幾句話表達出來的。

如果您早告訴我的話，那完全相信我的誠摯而熱烈的
愛情會克服一切。

您要我在心靈深處珍惜您告訴我的一切。啊，您看，經
過這麼些年和這麼多的變化，在我心中珍藏著什麼啊！

希望不久的將來，我們能夠先見個面，然後我再帶著
我的妻子，去見你和你的丈夫。

記住，我全心全意地接受並報答這一切。

您的深情的朋友

為了「接受並報答這一切」，狄更斯決定把自己與瑪麗亞
的故事，作為他下一部小說的主題，用以紀念自己美好的初

戀。小說最初命名為《誰都沒有過錯》，後來改為《小杜麗》。

《小杜麗》自 1855 年 12 月至 1857 年 6 月間共連載了 19 個月。可以說，狄更斯寫得異常艱難。

因為在後來與俗不可耐的溫特夫人相見後不到一個月，狄更斯就果斷地斬斷了對情場失意的懷戀，他寫信告訴她：

> 我打算離開這裡去考慮考慮，我說不清要去哪兒或走
> 多遠，也不知道要考慮什麼。

1855 年 1 月，他心緒紛亂，新作品的片段已經在汙濁的空氣中閃現，而痛苦卻又不斷地向他襲來。

直至 5 月，狄更斯為了動手寫作已經到了坐臥不安、茫然若失、無法自制的地步。他坐下來想寫下去，但呆坐半天卻一個字也寫不出來。

第二天，重新伏案而坐，卻依然寫不出一個字，於是再次起身。這次他沿著鐵路走，意外地發現了一處合適的地方，決定在那裡住上一個月。

第二天早晨，狄更斯回到家中，在房間裡來回踱步，在院裡一走就是幾個小時，到大街上徘徊。和別人明明有了約會，但卻又失約了；想去航海旅行，又希望乘氣球飛向天空。渴望參加朋友集會，但又努力去找清靜的地方獨居。

狄更斯為自己的這種精神狀態弄得喜怒無常，在同一段時間裡，他一會覺得自己像個瘋子，一個又覺得像個情人，

而突然又變成了詩人。

正在這時，柯林斯交給狄更斯一本名為《燈塔》的劇本，狄更斯馬上放下了手中的創作，暫時從錯亂的狀態中解脫出來，全力以赴地做著演出的準備與籌集。

他就像一個孩子突然得到了一個心愛的玩具，他興奮地排戲，盼望將這齣戲搬上他在塔維斯托克家的小劇場，而把新小說的寫作拋到了腦後。

戲劇世界是狄更斯真正的世界，每次排練後，當演員們筋疲力盡地坐下來吃晚餐，看著調製混合甜飲料時，狄更斯就像孩子一樣激動。

《燈塔》在 6 月中旬演出了 3 場，7 月初又在坎普登為慈善事業募捐演出了 3 場。臺下的觀眾們看得全部痛哭流涕，而緊接下來的鬧劇又讓人破涕為笑。

這一切都要歸功於狄更斯，一位過於興奮的女士對主角狄更斯說：「啊，狄更斯先生，您除了演戲還要做其他事，這真是太遺憾了！書商朗曼哭得傷心透了。此外，我不知道還能說些什麼。」

其實，柯林斯與狄更斯的性格相差很遠。但讓人不可思議的是，狄更斯卻與這個比自己小 12 歲的小朋友相交甚厚。

狄更斯是個守時的人，柯林斯卻生性拖拉；狄更斯對時間的概念向來嚴格，而柯林斯卻習慣消磨時光。

不過，兩個朋友經常在一起，卻在無意中相互影響。柯林斯使狄更斯開始懂得並注意享樂，狄更斯卻教會了柯林斯如何積極工作。

柯林斯的一本早期小說《捉迷藏》就題為「獻給我的良師益友」。

1853 年春，柯林斯開始為《家常話》撰稿，1856 年 9 月被吸收為編輯人員，並在雜誌上連載他的一部小說。

狄更斯對柯林斯的小說，就像對待自己的小說一樣，不辭辛苦地進行修改潤色。甚至他還破例在小說上署上了柯林斯的真名，使柯林斯因此而聞名。

自從《燈塔》演出以後，兩個人更是形影不離，1855 年7 月，狄更斯帶全家去福克斯通，柯林斯也一同前往。他們在那裡逗留了 3 個月，而狄更斯則順利寫完了《小杜麗》的開頭幾期。

然後，《小杜麗》就時刻牽著狄更斯了。甚至散步時，他仍然在想著這本書的故事情節：

> 開始寫第一卷時，我情緒紊亂至極，每隔 5 分鐘下樓一次，每過 2 分鐘往窗外望望。我沉浸在自己的小說中，忽而熱情高漲，忽而神情頹喪。這部新作品處處包圍著我，它漂浮在海面上，飛翔在白雲間，蕩漾在清風中。

女主角愛彌又叫小杜麗，在英國債務人監獄裡出生、長大並成年，她對長年累月被拘禁在監獄裡的父親竭盡孝道，努力減輕他的痛苦。她瘦小而堅強、靦腆而善良、勤懇而體貼地為自己的家人操各種心，甚至有些忘記自己的可愛小女人。即使在故事中間，因杜麗之姓而得到意外的遺產，離開監獄成為上流社會的一員，依然保持自己性格中美好、純真的一面，尤其當這種美好、純真與其父、兄、姐的前後變化相比較時則顯得尤為寶貴。

亞瑟·克萊南，在清教徒式的嚴屬和沉悶下長大，關禁閉的密室可能是他童年中印象最為深刻的印象。其母親在他身上所表現的態度，嚴屬冷漠中又有某種尖刻，讓人難以理解。成年後，跟其父遠洋印度，在父親病故後才回國。正直、善良、樂於助人，又有著勤懇耐勞的精神，並勇於承擔應有的責任的中年男子。

故事因小杜麗為克萊南的母親所僱用而聯結在一起，經過各種陰霾、迷霧以及人與事的顛簸，最終走到一起。小杜麗愛上了克萊南。後來，一個意外的機會使小杜麗的父親變成了一筆巨額財產的繼承人，一躍而為富翁，出了獄。從此，一家人除了小杜麗以外，都變得傲慢、自私、盛氣凌人，而克萊南卻因投資不當被關進債務人監獄。

小杜麗仍然到獄中來探望他、體貼他、關心他、照顧他，使他在貧病交迫中仍舊感到溫暖。最後，克萊南

還債出了獄,而杜麗一家卻又破了產,使克萊南和小杜麗有可能結成終身伴侶。

弗羅拉的絮叨和語無倫次,用一大段沒有標點的話來展現;卡斯貝先生這位「可敬的老人一人在裡面坐著,穿布拖鞋的腳擱在火爐圍欄上,兩隻大拇指繞著圈,彷彿他從來就沒有停下來過。而少年時期的可敬老人,在他頭頂的鏡框裡注視他,而神情也並不比他更鎮定。兩個光光的腦袋都一樣地亮,一樣地笨,一樣地儘是疙瘩」。

傑納勒爾太太的做作、矯情和一定程度上的自欺欺人:「令人吃驚的事情是切不可對傑納勒爾太太說的。事故、痛苦、犯罪,都是不可以在她面前說的。熱情到了她面前就該去安息,血氣就該化作乳汁與水。傑納勒爾太太說話的聲音有粉飾,傑納勒爾太太的辦事方式有粉飾,傑納勒爾太太身體周圍有一種粉飾的氣氛。當傑納勒爾太太沉睡在善良的聖徒伯納德的懷抱中,他蓋的房屋屋頂上落下了鵝毛大雪,她的夢,倘若做過夢,也應該是被粉飾的。」

而小說中對於監獄和獄中人生活的描寫,這種暴力性的存在對於人的影響力之巨大,那堵高牆可能將在人們心中投下永恆的陰影。小杜麗的父親在暴富出去之後,拒絕說起或者想起與監獄相關的一切人和物,甚至好心的監獄看守後來來探望他,他也神經質地勃然大怒,然而,自己又深受二十

幾年的牢獄生活的影響不能自拔。

對於這個人物的結局的描寫也是非常戲劇性的，他在一個上流社會的聚會上，在一群他最不願意讓其知道自己底細的人面前突然失常說出了牢獄中的一切然後迅速死去。

而狄更斯對於莫多爾先生的塑造，政府、媒體最後經由民眾說起的商業界的神話，股市裡的旗幟性人物，結果，所有人都被愚弄，當這面旗幟在公眾輿論中自己倒下，無數人因此傾家蕩產……

《小杜麗》一書的銷售量是空前的。這部巨著也是狄更斯創作後期的重要作品，英國政治的腐敗，統治階級的虛偽、欺騙，大資產階級的貪婪，上流社會的虛假，下層人民的貧困，都在作者筆下暴露無遺。

1857 年 6 月《小杜麗》連載完畢後，9 月，狄更斯和柯林斯去湖區訪問，住在愛倫比的西普旅館，客棧老闆陪他倆去攀登了卡里克山。

結果，他們遭遇到鋪天蓋地的濃霧和傾盆大雨，狄更斯的指南針恰巧又碰壞了，他們迷失了方向。

柯林斯不時落在後面，狄更斯一邊拽著他，一邊對絕望的客棧老闆又逗又哄，不停地給他倆打氣。

柯林斯卻掉進了小河，扭傷了腳踝骨，狄更斯把他背到山腳下，讓他靠在一堆石頭上，客棧老闆去僱馬拖車。

一連幾天，狄更斯不得不將柯林斯從馬車裡背進背出，從樓梯上背上背下，接送他去要去的地方。

他們到達下一站蘭開斯特，火車站站長攙扶著柯林斯走下車廂，「國王武裝」旅館車廂門口有委派的代表迎候，人們傾城而出在月臺歡迎他們，報上還登載了柯林斯扭傷腳踝的消息。

狄更斯和柯林斯從湖區返回之後，兩個人共同為《家常話》合寫了一篇稿子：《兩個懶學徒漫遊記》，記述了他們那一段難忘的經歷。

這篇文章也見證了狄更斯與柯林斯之間真摯的友情。

輝煌碩果

晚霞夕照

成功好比一個梯子，機會是梯子兩側的長柱，能力
是插在兩個長柱之間的橫木。只有長柱沒有橫木，
梯子沒有用處。

—— 狄更斯

鬍鬚能表現喜怒哀樂

狄更斯不但自己一直努力快樂地生活，而且還努力使別人生活得快樂。因為他重視友誼，與周圍的朋友都肝膽相照，一旦朋友們之間發生什麼不快，狄更斯就會悶悶不樂。

狄更斯經常告訴朋友們：「茶餘飯後，我最需要的就是有幾位可以促膝談心的朋友。」

狄更斯也希望朋友們都能像他那樣，相互之間以誠相待。有一次，他說：「友誼勝於批評，我願時時緊閉嘴巴。」

他跟每一個朋友相處時，都捨不得分別，每次分手的時候，都從不願開口說再見，雖然他們很快可能就會再次見面，但他從來都不說，因為他說：「一切離別都預示著最終的訣別。」

但有兩個朋友是例外的，他們的行為使狄更斯與他們日漸疏遠。一個就是道格拉斯·傑羅爾德，因為他曾抗議狄更斯批評公開處決和絞刑。

他們已經好幾個月沒有相互說話了，這一天，他們在同一個俱樂部裡招待客人，兩個人背對著背坐著。

突然，傑羅爾德回過身來對狄更斯說：「狄更斯，我的朋友，看在上帝的面上，讓我們言歸於好吧！生命太短促了，經不起折騰啊！」

於是，狄更斯與傑羅爾德的手又緊緊握在一起了。

狄更斯面對陌生人時，是顯得相當內向拘謹的。但是，他一到朋友們中間，就變成了談笑風生、熱情洋溢的人物。他喜歡這種氣氛，朋友們也都爭著邀請他。

而有時，狄更斯遇到有事無法在朋友家裡待上一整個晚上。他就會不好意思地說：「十分抱歉，這個晚上我有事要做。」

而主人就會請求他：「那麼就請你順路進來一會，為我的客人們配製一下琴酒混合飲料，或切開一隻烤鵝。」

這種熱情的邀請，狄更斯是無法拒絕的，但他調製混合飲料是遵守規格的。「那好吧，不過大家每個人都會有各自不同的口味，這要針對他們哪一種口味才更適合？我必須掌握這些。」

狄更斯一邊調製，一邊一本正經地對各種成分加以品評，分別談論這些成分對不同的人所起的作用，詳細講解有關調製的技藝。

客人們正為他幽默的語言逗得哈哈大笑時，調製工作已經順利完成。客人們驚喜地看到，飲料就像許多件東西從一個魔術師的帽子裡變出來的一樣倒出來。

當然，狄更斯更高興的是邀請朋友們到他家裡做客。比起受人招待來，他更得意於款待別人。因為他在桌子前一坐，敏銳的目光可以洞察一切，不會讓任何一個客人感到受了冷落和怠慢。

他喜歡總攬一切，並十分愉快地主持聚會：「大家別客氣啊，到了我這裡，就像在自己的家裡一樣，可以隨意放鬆。」

客人們也都覺得很有趣：「是啊，因為你可是一流的演員、提詞員和舞臺監督啊！」

客人們自始至終都興趣盎然。而狄更斯作為演員，他情不自禁地會穿上色澤鮮豔的背心，或當眾梳理頭髮，或在他簽字的筆畫上加些華麗的花飾，或吟唱滑稽的歌曲，或興高采烈、狂放不羈地跳起舞來。

客人們也都受到了他的感染，那些平時很矜持的人也都扔掉了架子，而像小孩那樣蹦跳起來。

狄更斯特別喜歡跳舞，他覺得這是忘掉工作負擔，拋開煩惱憂愁的好辦法。他有時跳瘋了，比年輕人更瘋。

當晚會結束的時候，一些像他那樣年紀的人都累得腿都邁不動了，連連地打著哈欠，但狄更斯卻依然精神抖擻。

在這種場合，狄更斯並不會自己說很多話。但他有一種特長：聽人說話，並善於讓別人自己打開話匣子。

比如，有人談到一架巨大的望遠鏡：「那是一位牧師發明的，因此這位牧師就成了一名天文學家，而且還要進一步去觀察天象，甚至要比……」

狄更斯立刻插進來說：「甚至比他職業上的研究更能使他洞察事物的本質。」

還有一次，有個很憤世嫉俗的人喝著喝著就大喊道：「這世界是多麼邪惡啊！」

狄更斯馬上接話說：「是呀，你我若不發牢騷這世界就該大大地滿意了。」

他幽默的話語立刻使客廳裡爆發出一陣熱烈的笑聲。

而狄更斯真正的才能，在於能發掘他人的長處，能對他所見的景象作幽默的描繪，模仿熟人的言談舉止，複述聽到過的故事，而且都生動有趣，極富戲劇性，直聽得客人們捧腹大笑。

有一次用餐的時候，一位女客人對她的丈夫說了句「親愛的」，狄更斯從椅子上一下滑到地上，仰臥在地上，抬起一隻腳，聲音顫抖地說：「她叫了他親愛的嗎？」然後坐到椅子上，若無其事地繼續聊天，彷彿什麼事也沒發生過，好多人都被他引得噴飯。

由於狄更斯這時留起了濃密的大鬍鬚，所以有時大家的話題也會扯到他的鬍子上，有人說：「大家看哪，狄更斯的鬍鬚與他多變的各種表情配合得多默契啊！」

狄更斯得意地說：「雖然我以前曾非常喜歡把臉修得乾乾淨淨，但我更喜愛現在的模樣，並且總是抓住每一個機會照鏡子，自我欣賞一番。而且，有位朋友告訴我，說他們極其讚賞我這副造型，因為鬍鬚把我的本來面目遮掉了一半多。」

有的人沒有看明白，就問：「那你的鬍鬚與表情是怎麼相輔相成的？能給我們表演一下嗎？」

狄更斯就一邊說著一邊表演：「當然可以，你們看著，我臉上表現出活潑的表情時，鬍鬚就會翹起來；而當我面色從容的時候，鬍鬚就會變得柔軟光滑；還有，當我哈哈大笑時，鬍鬚就會蓬鬆開來；而當我懊喪之際，鬍鬚就會垂下來……」

他還沒說完，所有的客人們都樂不可支了。

狄更斯盡了他在社會中的本分，總是高高興興的，他經常把自己稱作「螢火石」，當他不發光時，他就敲打出別人的電光石火來。

他炯炯有神的大眼睛總會注視著在座的客人們，他們最不惹人注意的狀態都逃不過他的眼睛，他隨即就會模仿他們。即使最親近的朋友也在劫難逃。

有時，某個人開始講笑話時，狄更斯就容光煥發地聽著，一邊的眉毛高高挑起，鼻孔驟然一抽；而那人把故事講到高潮時，狄更斯便皺眉蹙額，嘴巴張大，瞇起雙眼發出爽朗的笑聲。

聚會結束了，興奮過度的人們都已經十分疲憊了，但大家都心情十分愉快。

買下蓋茲山莊

1856 年 3 月 14 日，狄更斯 44 歲的時候，他實現了自己童年時的最大夢想 —— 終於買下了羅徹斯特附近的蓋茲山莊。

這一刻，狄更斯想起了當年父親牽著他的小手，他們望著蓋茲山莊，心裡充滿了強烈的渴望。他眼中含著熱淚，父親當年的話再一次在他耳邊迴響：「查爾斯，如果你想住在那樣的房子裡，那就好好讀書吧，將來長大了努力工作，就一定也會住進這座房子，甚至擁有比這還要好的房子……」

狄更斯在心裡想道：「如果父親還健在的話，我們一起住在這幢大房子裡，他看到我終於實現了自己的夙願，他該多麼高興啊！」

第二年，狄更斯全家都搬進了蓋茲山莊。他放棄了塔給斯托克的住宅，把大部分家具都搬到了蓋茲山莊。

狄更斯雖然一直忙於文學創作和慈善事業，但他仍然盡可能抽出時間來親自挑選老房裡的家具，把他那些珍愛的擺設一件一件安放在蓋茲山莊的各個房間裡。

他還每天都嚴格管教著一大群子女，就像一位治軍嚴明的長官一樣：

「你們脫下的衣帽，都必須整齊地掛到自己的衣帽架上。」

「每個人都負責好自己經管的工作，打完球把器材放歸到原位。」

「你們按年齡站好隊，我一個一個檢查你們的服裝儀容。」

1858 年與凱特分居後，狄更斯在重新裝修蓋茲山莊後，生活又恢復了常態。在除夕之夜，他興致勃勃地站在門口，手裡拿著錶，孩子們環繞在他周圍，一聽到傳來了教堂的新年鐘聲，他興奮地叫道：「大家新年快樂！上帝保佑我們！」於是大家輪流接吻、祝福、握手，出現了一個迷人的閃耀著匹克威克精神的動人場面。

每天早晨起來，狄更斯都要到孩子們的房間裡檢查一遍，把傾斜的椅子擺正，撫平起了褶皺的窗簾。然後，他就倒背著手，又到花園、馬廄和狗窩去巡視一遍。

狄更斯為孩子們組織魔術表演。在這些快樂的日子裡，狄更斯熱愛人生，對別人充滿友善和同情的品質充分地表現了出來。

但他始終沒有放鬆對山莊的管理，他要求所有的物件都有條不紊、一塵不染。

當他發現他的時間畢竟是有限的，單憑自己一個人的精力無法管理好一些瑣碎的家事。於是他把大女兒瑪米喊過來：「瑪米！你到我的房間來一下。」

瑪米走進父親房間：「爸爸，你有什麼吩咐？」

狄更斯嚴肅地說：「瑪米，從今天起，你擔任蓋茲山莊的管家。你必須勤儉持家，收入和支出要安排得合理。尤其是開支，你必須親自一件一件查看。」

狄更斯對瑪米交代完，又去告訴僕人們：「你們一定要謹記，再大的家業也不能容忍浪費。」

瑪米從小就崇拜父親，對父親的安排一直是言聽計從。

但二女兒卡蒂卻不願受父親過多的約束，她在山莊裡越待越不開心，尤其是父母分居之後，她就老想著盡早離開這個家。

兩年後，卡蒂就匆匆出嫁了，其實她並不愛向她求婚的那個人，只是她很討厭山莊，也討厭性情古怪的父親。

狄更斯默默在站在卡蒂的臥室裡，心中充滿了自責：「如果不是因為我，卡蒂可能不會離開這裡。」

他心中的苦悶難以釋放，突然撲在卡蒂的床上，放聲痛哭起來。

狄更斯對子女的愛是發自內心的，他對每一個子女的離開都心如刀絞：「如果每個房間裡都是孩子該多好！他們把地板踩得「吱吱」作響，隨時會出現在我的眼前……」

來蓋茲山莊做客的朋友總是不斷，每到假期，狄更斯便招待客人，甚至還親自派馬車去車站接他們。有時客人多得

家裡住不下，需要到村子裡借地方住。

上午，是狄更斯固定的寫作時間。這時，他會對朋友們說：「你們不妨自己找點有興趣的事情。每個房間裡都配有一個小圖書館，如果天冷，僕人們會為你們生火取暖，所有需要的物品都不缺。對了，如果哪位朋友想到羅徹斯特或附近的地方去遊玩，可以讓僕人安排馬車，或者乘坐愛爾蘭短途遊覽車。總之，盡請自便。」

而中午，狄更斯就會與客人們共進午餐。用餐過後，他就邀請大家與他一造成外面去散步。

朋友們都興高采烈地跟著狄更斯去了，但是還不兩個小時，有些人就開始抱怨了：

「哎呀，我的腳都磨起泡來了。」

「不行不行，我真的再也走不動了。」

狄更斯只好讓人回去趕來馬車拉他們回去。

到了晚上，狄更斯坐在餐桌旁仍然是精神抖擻，根本看不出他辛苦工作並步行了一天。他說：「多年來，我堅持每天 4 小時寫作，4 小時步行，早已經習慣了。」

狄更斯總是不停地對蓋茲山莊進行修補和改建，但他一直都不滿足，雖然每次他都會說：「這是最後一次了。」

有一次，狄更斯從外省返回羅徹斯特，家裡的車伕到車站接他時告訴他：「先生，那 58 個箱子運到了。」

「箱子，什麼箱子？」

「先生，它們真的全都運到了。」

「我怎麼對這件事一點印象都沒有？」

「先生。它們現在就堆放在大門外面，我們一到家您就會看到了。」

狄更斯滿腹狐疑地回到山莊。

原來，這58只箱子裡裝著一座瑞士小木屋的各個組成部分，是朋友送給狄更斯的禮物，事先並沒有告訴他。

狄更斯激動地跳起來：「啊！這真是意外的驚喜啊！我要把它建在馬路對面那座我的植物園裡，以後我就在裡面寫作。」

春天，小木屋建成了，共有4個房間，狄更斯認真而快樂地裝飾著小屋的裡面，他挑選應心的家具，還挖了一條從前花園到植物園的通道，這樣他從山莊去自己的小木屋就不用再穿馬路了。

狄更斯在屋子裡掛滿了小鏡子，他高興得像個小孩一樣從這間房走到那間房，他興致勃勃地描述小木屋的環境說：

> 我的小屋居高臨下，樹木環抱，景色宜人。只要一抬頭，鏡子中就會映照出周圍的小河、玉米地、果園和蛇麻草園。我在這樣寧靜的小屋中寫作，真是一種美妙的享受啊！

與妻子分居

狄更斯由於工作繁重無暇照顧家裡，卻還經常因為工作上的不順心，把氣撒在家人頭上。

「我的家庭中的憂患正在一天天大起來。」這句話說明了他這種沮喪的心情還與他不美滿的婚姻生活有關。差不多從婚後最初幾天起，狄更斯就明白他選擇錯了。

妻子凱特並不了解他，也不感到快樂。儘管同居20多年，已有了10個子女，但他們之間的感情卻越來越壞。狄更斯日益明顯地感覺到兩人的分歧越來越大，他寫信給福斯特說：

> 可憐的凱特和我生來並不相配，這是無法挽回的。不但她使我不安、不快樂，我也使她這樣 —— 而且更屬害。她是溫柔而和順的；但要我們做夫妻卻十分不合適。上帝知道，如果她嫁給另一類的人，一定可以快樂千倍；如果她避免了這個命運，對於我們倆至少是一樣的好。
>
> 我時常心痛如割，一想到我竟闖入她的生活當中，她是多麼可憐啊；假使我明天病了或殘廢了，我知道她將多麼難過，而我自己一想到以前我們彼此那樣合不來，將會多麼悲痛。
>
> 可如果我一痊癒，原先的差異又會立刻出來作祟，無論什麼都不能使她了解我，或者使我們彼此和解。她的氣質和我的完全不同，因而無法合作。

　　凱特為人非常和藹可親，她對生活沒有太多的奢望，喜歡平靜而淡泊的生活。她的興趣是在家裡，她愛孩子，為他們的身體和病痛操心。

　　而且，凱特也沒精力去應付狄更斯那些古怪的行動。她跟著他四方周遊，不能跟孩子們在一起，日夜顛簸在歐洲大陸的旅途上，風塵僕僕地接受著人們的「展覽」，這一切還經常讓她處於危險之中。

　　當她在家中以女主人的身分參加狄更斯朋友們的宴會時，大家說的好多話題她都不感興趣。

　　凱特的身體一直不很好，有很大原因在於她厭倦生活。緊張的生活使她苦惱，她覺得自己越來越無法和狄更斯共處，在產下第十胎後，她竟然變得十分孩子氣。

　　就在《家常話》創辦後不長時間，凱特無法忍受夫妻間的不斷摩擦，終於向狄更斯提出分居。

　　狄更斯在開始幾年堅決不接受凱特的意見，他說：「親愛的，我們首先應該對孩子負責，為了孩子，我們必須繼續待在一起。」

　　其實作為一個著名的小說家，狄更斯也在乎他們的分居會在社會上造成嚴重影響。因為人們一直都以為他們夫妻幸福，狄更斯可以盡享天倫之樂。

　　但同時，狄更斯卻一直顧影自憐，抱怨自己不稱心的婚

姻，而且他還常常被霍格思一家的岳父、岳母、小姨和凱特
的姨媽的習慣和言談所激怒。他對不幸的感受特別敏銳，在
舞臺上如魚得水地投入表演時，也對家庭生活度日如年了。

　　1856 年 4 月，狄更斯正在創作《小杜麗》時，他曾在巴
黎寫道：

> 我逝去的年華啊！往昔那種常有的恬謐的心境還能回
> 到我身上來嗎？也許會回來一點，但要全部回來是不
> 可能的了。我發覺家中的麻煩越來越大。
> 福斯特對狄更斯的家庭危機，多次以慎重的、有條理
> 的方式進行調解而使雙方滿意。他勸告狄更斯要三思
> 而行，小心為妙，而 1857 年狄更斯回答他說：
> 你或許不能容忍反覆無常、變化多端的感情，但是我
> 正是依賴這種感情維持富有想像力的生活的。你應該
> 知道，我常常是靠了像騎兵一樣馳騁於其上，才把這
> 種感情鎮壓下去的，然而不談這些了，我不想發什麼
> 感傷的牢騷了。
> 至於你說的那些過早成婚的人家裡可能或必然經常發
> 生衝突，其中有些衝突甚至比我家裡的更加使人難以
> 忍受，這當然是對的，我同意。我深知自己已經享受
> 了生活的無窮樂趣，所以多年來總是對自己說，並真
> 誠地感到，儘管有某點不足，這是從事這種職業的弊
> 端，無可抱怨的。然而歲月的流逝並沒有幫助我們雙
> 方把這一點不足忍受下來。

> 為了她也為了我，我必然希望採取某些措施。你不要
> 以為我會對需要催促對方去做的事情視而不見。我並
> 不想逃避譴責。我敢說，我有許多過錯，反覆無常，
> 隨心所欲。

而到了 1858 年 3 月，他又對他的忘年交柯林斯說：

> 自《冰凍三尺》的最後一晚演出至今，我就沒有過片
> 刻的寧靜，沒有過分的高興。我想誰也沒有被弄到如
> 此心灰意冷、神情沮喪的地步。家裡的事已成定局，
> 不可能好轉。它已經不再取決於我的意志、我的努
> 力、我的忍耐、我的脾氣的好壞，要靠我來維持這種
> 結合是毫無指望的。

1858 年，狄更斯終於與凱特分居。這最後的分離是和
和氣氣的，並未正式離婚，只是簽署了一份分居契約，狄更
斯每年向凱特支付 600 英鎊的生活費。他們的長子跟母親同
住，其餘的子女則與狄更斯在一起。

狄更斯夫婦的分居立刻引起不少猜測和謠傳，被說得活
靈活現，荒誕無稽的故事也應運而生。

流言激怒了狄更斯，他經常要面對別人異樣的眼光，聽
到那些人嘲弄的怪腔調。

狄更斯努力勸慰著自己：「應該塞住耳朵，不去理睬那些
流言，就像從前閉上眼睛，不去看報上的評論。」

雖然眼不見，但他心裡依然苦惱萬分，狄更斯決定在自己的報紙上發表一篇記敘他們夫婦之間爭吵實情的文章。

在那篇《致讀者》的長信付印之前，狄更斯把副本先拿給凱特看：「我真誠地希望你我之間一切有傷和氣的事就此結束！」

分居後，狄更斯在內心深處無法再平靜下來，他知道對凱特是非常不公平的。尤其是他慢慢地原諒了凱特之後，更對 22 年的婚姻難以割捨，也時時牽掛著凱特。

劇場朗誦牽動人心

狄更斯不僅是一個傑出的小說家，而且還是聞名歐美的善於朗誦的表演藝術家。狄更斯從小就有講故事、唱歌謠、演節目的才能，常常扮演戲中的某個角色。

青年時代他曾打算在修道院的花園劇院謀一個位置，當了作家以後，狄更斯也一直愛好戲劇，喜歡參加業餘演出。晚上，他經常組織猜謎遊戲和演出啞劇；平時在家裡，也常為孩子們做魔術表演。

狄更斯常說，如果他能夠表演別人的性格，即使是遊戲，他也感到輕鬆愉快。其實，他在這種興奮中，將會忘掉自己內心的煩惱，至少能暫時忘掉這些煩惱。

狄更斯對福斯特說：「我必須做些事情，否則我的心力就

會衰退，我想搞一些巡迴朗誦演出。」

福斯特卻制止他說：「這不是一位紳士應該做的事。一個名望極高的作家，卻透過動作表演和模仿來娛樂觀眾，未免有失身分。」

但狄更斯卻聽不進去，他說：「我如今沒有什麼消遣，只有工作而已。假如我不行的話，我的智力會衰退，身體會垮掉，生命會終結，對此我深信不疑。就算死，我也要死在工作當中。」

1858 年，狄更斯應一家慈善醫院的邀請，舉辦小型朗誦會為醫院募捐。他從《匹克威克外傳》中選了一段來朗誦。他那演員的天賦加上真摯的感情，朗讀緊緊地抓住了聽眾，受到了熱烈的歡迎，人們踴躍捐款。

事情就這樣開始了，許多娛樂團體看到這是個極妙的賺錢方法，就紛紛邀請狄更斯去英格蘭和蘇格蘭各地旅行，朗誦他自己的作品。

本來狄更斯還有些擔心，作為一名職業朗誦者出現在舞臺上，會不會使自己小說家的聲望受到影響。但後來，狄更斯被這些活動深深地吸引住了。他不顧朋友們的勸告，不顧這繁重的工作會占去他創作的時間，損害他的身體，他希望透過這種方式和自己的讀者們生活在一起，切實地觸摸到自己的作品在人們中間的影響。

晚霞夕照

　　狄更斯白天坐車晚上朗誦，儘管覺得非常疲勞，還是十分樂意去做這項工作。這除了可以很快得到一筆可觀的酬金外，更重要的是使他能夠繪聲繪色地透過朗誦再現小說中的情節、人物，使他有機會親眼看見、親耳聽到讀者、聽眾的反響，從而能在感情上與他們相呼應。

　　狄更斯站在臺上，當看到臺下千百雙炯炯有神的眼睛注視著自己時，當聽眾被他的朗誦深深地打動了心靈而發出會心的微笑或爽朗的笑聲時，當他聽到臺下熱烈的掌聲時，這種歡樂、興奮的心情，是一般作家無法體會到的。

　　卡萊爾就說：「在聽狄更斯朗誦之前，我對一個人的臉部表情和聲音所蘊涵的能量一無所知，狄更斯表情豐富，瞬息萬變，獨自表演超過了滿臺演員，而且他善於模仿各種音調，根本不需要樂隊伴奏。」

　　以前，狄更斯只知道自己出了名，現在透過朗誦表演，他能夠揣摩到名聲的價值了。

　　在約克這個地方，一個素不相識的女人在街上攔住了狄更斯，感謝他在小說中塑造了那麼多栩栩如生的人物形象。她說：「狄更斯先生，讓我摸一摸你的手，它會把這麼多朋友介紹到我的家裡來。」

　　有一天，狄更斯的朗誦剛結束，一個老人走過來對他說：「請你跟我握握手，狄更斯先生，願上帝保佑你，不但為

了今晚你給我的快樂，而且也為了你這許多年來給我們全家帶來的歡樂。先生，願上帝愛你的面孔。」

在大街上，在旅館裡，總有不少人熱情地對他說：「我喜歡你最近的作品。」朗誦表演使他了解了讀者，也了解了自己所從事的文藝工作的巨大價值。

在一些較大的城鎮裡，要聽他朗誦的人成千上萬地趕來，劇場太小，人們只得失望地離去。

朗誦開始，狄更斯剛一登臺，聽眾便報以雷鳴般的掌聲，然而他卻似乎無動於衷，總是保持著一種矜持的態度。

朗誦結束，狄更斯卸妝離去，歡呼的人群立在劇場裡，還在渴望狄更斯再一次出場。

狄更斯被這樣的場面與談話深深感動了，他陶醉在成功的歡樂中，一發而不可收了。1858 年至 1859 年，1861 年至 1863 年，1866 年至 1867 年，1868 年至 1870 年，他不但常常去做這種旅行，就是在休息期間，也忠於他那「一件值得做的事，應該好好地做」的信條，細心地準備朗讀。

狄更斯說：

> 你想不到我是怎樣準備朗讀的。因為我覺得朗讀的名聲擴大後，就應該讀得比最初更好些。我已經把它們練了兩百餘遍，把要讀的東西完全記在心中了，免得因為尋找字句而造成缺陷。

> 我已用我所知道的一切辦法體驗過其中一切嚴肅的感
> 情，把幽默弄得更幽默些，改正了某些字句的唸法，
> 養成了一種不會被人擾亂的鎮定態度，使我自己能成
> 為劇場的主宰。

因此，每當狄更斯那矮小的身軀站在聽眾的眼前，那富於感情的聲音在人們耳邊響起來的時候，整個會場立刻被他震撼住了。一位聽過他朗誦《聖誕歡歌》的聽眾談起他的感受時說：

> 我彷彿覺得狄更斯自己吃了那頓聖誕大菜的每一口；
> 彷彿真的看見那兩個克拉契把勺子塞進嘴裡，以防止
> 自己去搶烤鴨吃；彷彿真的聽見小丁姆用刀子敲著飯
> 桌的聲音。

當狄更斯逼真地做出聞那美味的布丁的動作時，能使挨餓的一家人相信他們自己真的已經狼吞虎嚥地把布丁全吃下去了。

聽眾的讚賞，讀者的喜愛，使狄更斯更加熱衷於朗誦表演。為了取得更好的效果，他對每一次朗誦都做了認真的準備。在旅途中，在休息時，狄更斯都在熟悉要朗誦的作品內容，思索著怎樣用聲音更好地塑造各式各樣的人物性格。

狄更斯不像其他演員那樣，帶有一些神經質，他是一個異常鎮定的演員，作為演員、演說者和朗誦者，他能完全控制住每一根神經。

有一次，狄更斯在倫敦演出，正當演出進行到一半的時候，臺上的帷幕突然著火，觀眾見狀，紛紛向劇場唯一的出口湧過去。正在臺上演出的狄更斯直接走到腳燈前面，非常威嚴地說：「坐下，全都坐下！」

現場 500 多名紳士淑女被狄更斯的鎮定所操控，他們乖乖地坐下了。然後，狄更斯從容地安排其他人去滅火，自己則繼續演出。

還有一次，狄更斯正在泰恩河畔的紐卡斯爾舉行朗誦會，他完全投入了角色，臺下觀眾聽得如醉如痴。

突然，一條瓦斯燈板「嘩啦」一聲掉了下來。

一名坐在正廳前排的婦女尖叫起來，並朝狄更斯跑去。當時，三層樓座裡擠滿了人，唯一的出口是一段陡峭的樓梯，如果人們都拚命想逃，一定會造成大量的傷亡。

狄更斯微笑著對那位婦女說：「我向您保證，沒有什麼危險。不用害怕，請坐下吧！

那位婦女回到了自己的座位。全場響起了雷鳴般的掌聲。

瓦斯工抓緊時間搶修，狄更斯腳下的舞臺也都搖晃起來。但狄更斯站在那裡，就像坐火車停靠站臺時，人走到站臺上來閒逛一樣悠閒自若。

狄更斯本人最喜歡朗誦《塊肉餘生錄》中的片段。每當

這時，他的表演深深地感染著臺下的觀眾，觀眾們聽得神魂顛倒，情不自禁地一下放聲大笑，一下號啕大哭。

狄更斯來到切爾特南時，已經退休的麥克里迪就居住在這裡，他也趕來聽狄更斯的朗誦。

當晚，狄更斯結束朗誦後，就住在他的老朋友家裡。當他來到麥克里迪家時，發現麥克里迪神情呆滯，木然不動，和他說話，他只會偶爾地轉一轉眼珠，或者晃一下下巴。

狄更斯為了緩和一下氣氛，就說了幾句輕鬆的話：「嘿，老朋友，告訴我你到哪個世界漫遊去了？」

但麥克里迪卻似乎毫無反應，他過了半天才說了一大通結結巴巴的話，而且自己不斷插入一些令人費解的話：

> 不，噢——，狄更斯！我向蒼天發誓，我剛剛聽了你的朗誦回來。作為一次充滿熱情和幽默的表演，噢——，兩者無法形容地混雜在一起，它的確，噢——，不，真的，狄更斯，我大吃一驚，又深受感動。
>
> 啊，不，這是什麼樣的藝術啊！我知道，噢，我——不，狄更斯！以上帝的名義起誓，我看見了一個偉大時代的最出色的藝術……不過，我感到大惑不解，這是怎樣達到的……噢……怎樣做到的……噢，就一個人……嗯？我……噢……莫名其妙，說這些毫無用處……

　　狄更斯在巡迴朗誦期間，他通常很少與朋友或熟人住在一起，而且幾乎從不外出赴宴，他感到有責任保持自己的身體健康，集中精力工作。

　　他這樣做是很明智的，因為隨時隨地都有可能發生一些意想不到的情況，需要他有充沛的精力去應付。

　　有一次，他在伯明罕面對 2,100 多名觀眾表演朗誦，本來照他自己的節目單，最後一個壓軸戲是《尼克拉斯‧尼克貝》，他朗誦完畢，觀眾的鼓掌和喝彩聲平息下來，但等狄更斯回到後臺，卻發現人們依舊坐著不走。

　　這時才有人告訴狄更斯，原來廣告上寫錯了，說他當晚將朗誦《匹克威克外傳》中的「審訊」一段作為最後的壓臺戲。

　　這時已經是 22 時了。

　　但狄更斯還是毫不遲疑地回到了臺上，他向觀眾解釋說：「對不起大家。剛才一時疏忽，讀了《尼克貝》，不過假如大家願意，我仍然將為你們朗誦『審訊』這一段情節。」

　　觀眾們當然願意，於是狄更斯又朗誦了半個多小時，他精湛的技藝、良好的藝德，再次贏得了觀眾的喜愛和尊敬。

在朗誦之餘創作名著

狄更斯傾注了全部精力去誦讀他自己的作品。他跟聽眾一道歡樂或悲傷，一起興奮或懊惱。同時，他還投入於《雙城記》、《偉大的期望》、《我們共同的朋友》等小說的創作過程中。

1859 年，狄更斯發表了後期創作中最著名的小說《雙城記》。

1850 年代末，英國建築工人接連罷工，愛爾蘭正在進行反對英國統治的抗爭，英國資產階級又對外發動了一連串的侵略戰爭，引起人民強烈不滿。

《雙城記》的寫作目的就是借法國革命向英國統治者敲警鐘。它以法國第一次資產階級革命為背景，真實地反映了革命前夕封建貴族對農民的殘酷迫害，描寫了法國人民為爭取自由、平等推翻封建貴族統治的革命抗爭，並揭示了這樣一條真理：壓抑在法國人民心頭的憤怒，必將像火山一樣爆發出來，不可避免地要發生一場革命。

小說寫出了由於階級的尖銳對立所引起的暴力革命。同時，還反映了革命爆發後，下層平民狂熱地鎮壓貴族所造成的恐怖、混亂情景：

> 我看見一座美麗的城市和偉大的人民從這個深淵中升起。而且我看見，經過的悠悠歲月，在他們正求得真

正自由的抗爭中,在他們反覆的成功與失敗中,目前
這個罪惡的時代,以及使它得以產生的過去那個罪惡
的時代,慢慢地就會得到懲罰,並且自行消亡。

透過這些描寫,狄更斯警告英國統治者要從中吸取教
訓,收斂淫威,消除弊端,減輕剝削,實行社會改良,以緩
和矛盾,避免法國暴力革命的重演。從這部小說中可以看出
作者已經改變了對「維多利亞盛世」的樂觀幻想,轉而對英
國前途表示擔心。

狄更斯對英國社會的失望情緒,在 1861 年發表的《遠大
前程》中得到更加鮮明的反映。這部作品的主題是揭露金錢
的腐蝕作用。金錢使一個天真的青年變成勢利者,貧困使他
恢復失去了的淳樸天性。

在狄更斯前期的小說中,出於善戰勝惡的抽象的道德
說教,出於對社會的樂觀幻想,作品中出現的一些孤兒、窮
人、受難者,經常意外地得到援助,從而擺脫了窮困,得到
了幸福。

到了 1850、1860 年代,隨著狄更斯對社會認識的加深,
毅然拋棄了這種廉價的樂觀主義結局。《遠大前程》這部小
說的書名就帶有諷刺意味,它真實地揭示出,在階級鴻溝很
深的社會裡,窮人要想變成上等人,那完全是一種夢想。小
說主角匹普的經歷就是最好的明證。

　　匹普從小父母雙亡，靠做鐵匠的姐夫撫養長大。匹普小時候曾在沼澤地掩護過一個逃犯。後來，他被叫到一個富有而神經受過刺激的老小姐郝薇香家裡，給這個百無聊賴的老處女消愁解悶。

　　在那裡，匹普一見鍾情地愛上了郝薇香的養女、美麗而又驕傲的艾絲黛拉。他為了得到她的愛情，一心想做上等人，可是生活卻只能讓他當鐵匠姐夫的學徒。

　　有一天，律師賈格斯突然來到鐵匠鋪，說是受一個不肯泄露姓名的富翁的委託，要把匹普送到倫敦去接受上等人的教育。匹普喜出望外，誤認為這是郝薇香小姐有意栽培他，認為自己的遠大前程有可能變為現實。

　　匹普在倫敦接受上等人教育的時候，經常和艾絲黛拉來往。艾絲黛拉卻對他時而態度曖昧，時而冷熱無常，把他弄得神魂顛倒，十分痛苦。

　　一天深夜，一個不速之客——匹普童年時掩護過的那個逃犯馬格維契突然來訪，聲稱在國外發了財，為了報恩，暗中出錢要賈格斯律師把匹普培養成上等人。這個消息反而使匹普大失所望。不久，這個逃犯因屬私自潛回國內，觸犯刑律，重新被捕判刑。

　　原來艾絲黛拉對匹普的挑逗是郝薇香唆使的，原因是郝薇香在新婚之夜被情人拋棄，現在要讓養女代替她在男人身上報復。在使匹普受盡精神折磨之後，郝薇香又把艾絲黛

拉嫁給了一個畜生不如的二流子，這更使匹普精神上備受刺激。

這樣，匹普做上等人的幻想全部破滅，負債纍纍，氣得生了一場大病，幸而在姐夫鐵匠的幫助下，才還清了債務。後來，他在一個朋友的支持下到埃及的開羅謀生。

11 年後匹普回國探望姐夫。在已死去的郝薇香的莊園裡，偶然碰見婚後備受摧殘、已經成為寡婦的艾絲黛拉。兩個飽經滄桑的情人，在互道「我們言歸於好」聲中離開了這個吞噬他們兩人幸福的廢墟。

匹普的經歷說明了在當時的英國，勞動人民要想擠進上流社會，只能是一種無法實現的空想。針對匹普那種想當上等人的思想，狄更斯透過鐵匠的嘴告誡匹普說：

> 如果你不能順著正路做到不平凡，可千萬不能為了做到不平凡而去走歪門邪道！

狄更斯還用鐵匠和他的後妻畢蒂之間幸福生活的描寫，進一步襯托出匹普所抱的遠大前程是不切實際的。

這以後，狄更斯創作的步子慢下來了。1865 年完成的《我們的共同朋友》是狄更斯最後一部完整的長篇小說。

小說描寫了被父親驅逐在外的約翰‧哈爾蒙，在父親死後回到英國等待接受遺產。按遺囑規定，他要跟一個他不認識的女子蓓拉結婚。哈爾蒙為了要了解未婚妻的為人，因而

　　將他回國的消息祕而不宣。他化名充當祕書，暗中查訪，了解到蓓拉的為人以後，才宣布身分，締結良緣。

　　小說揭露了金錢和優裕的生活對人性的危害；揭示了社會秩序的混亂和道德的墮落；並成功地塑造了一個保守、自大、麻木不仁的資產者薄德史奈普的形象。

　　1860 年代狄更斯創作的作品最多，思想也最深刻，作品題材的範圍，達到了前所未有的廣度和深度。他以現實主義的深刻性與多樣性，廣泛而尖銳地觸及了英國社會的各個方面，塑造了形形色色的資產階級和人民大眾的形象。

　　但是，狄更斯不是用說教，而是用如實的生活畫面和生動的形象來說話，他的作品充滿了濃厚的浪漫主義氣息，在他筆下，似乎萬物都和主角的心靈、感情息息相通。

　　馬克思曾經稱譽狄更斯等是當時「一派出色的小說家」。他指出：

> 他以明白曉暢和令人感動的描寫，向世界揭示了政治的和社會的真理，比起政治家、政論家和道德家合起來所做的還多。

　　狄更斯一面緊張地寫作，一面又頻繁地出外朗誦，有時甚至需要長距離的步行或爬山越嶺。這樣，就使他十分疲勞，嚴重地損害了他的健康。

就在他寫《我們的共同朋友》的前後，他又簽訂了幾十次朗誦合約。這嚴重地影響了睡眠，他不得不每天晚上服用安眠藥。但這樣濫服安眠藥又把他弄得經常處於昏迷狀態，於是到朗讀前又不得不再服用一種興奮劑來對抗。

赴美朗誦引起轟動

狄更斯的聲譽遠涉重洋，美國觀眾也熱情邀請他去美國巡迴朗誦。

其實幾年來，狄更斯就有這樣一個心願，到美國去進行朗誦表演。只是後來因為美國國內發生了戰爭而沒能成行。而到戰爭結束以後，美國那些出版商和編輯們轉出版他的許多名篇，並且給予豐厚的稿酬。而美國崇拜狄更斯的人更是做好了歡迎他的準備。

於是，1867 年 8 月，狄更斯便派經紀人多爾貝去美國安排。

但他的許多朋友都勸他放棄美國之行：

狄更斯先生，請您不要前往美國，那裡有一股反狄更斯和反英國的情緒，在那裡很可能被紐約的暴徒圍攻！

多爾貝終於回來了，他興高采烈地對狄更斯把美國誇讚了一番，這更堅定了狄更斯去美國的決心。

　　狄更斯為他去美國的朗誦旅行找了 10 多條理由，他雖然內心是真正渴望引起新的轟動，重振因《馬丁‧朱述爾維特》而嚴重受損的個人名望。他找了個決定性的原因──錢。

　　但福斯特卻對此堅決反對，當多爾貝去徵求他的意見時，福斯特當即把多爾貝趕了出去，並且生氣地說：「美國一貧如洗，沒有錢可賺；就算那裡有錢，他也得不到一點；就算他能得到錢，也會在旅館裡被搶走；就算他把錢存到銀行裡，銀行也會故意破產。一個著名作家要在大庭廣眾面前朗誦，這是多麼有失體面啊！我極力反對這一計劃，我馬上就給狄更斯寫信，讓他放棄！」

　　但是，福斯特也沒能改變固執的狄更斯。

　　11 月 2 日，英國的朋友們為狄更斯舉行告別宴會，9 月，狄更斯乘「古巴號」客輪離開利物浦，橫渡大西洋前往美國波士頓。

　　狄更斯再度訪美並演出，波士頓、紐約、費城、華盛頓等大城市的美國聽眾狂熱地歡迎了他，大家都在為一睹狄更斯的風采而奔走相告，人們甚至隔夜睡在售票處窗外的凳子上，等待次日購買入場券，有的人自己不來排隊，就派他們的僕人或僱員替他來熬夜排隊。

　　購票的隊伍長得令人難以想像。到了第二天清晨，街頭

上看去，就像在舉行一次大規模的野餐會一樣：男女老少，或坐在椅子上，或倚靠著被縟，或裹著毯子躺在地上，大街上好不熱鬧。

當開始售票時，人們一擁而上，隊伍就亂了，排在後面的人擠到了前面，於是發生了一場血戰。

警察由於事先預見到可能發生的事故，他們立刻就趕到了現場，揮舞著警棍。等秩序恢復之後，街道看上去就像騎兵衝鋒之後的戰場一樣狼狽。

而且，這種狀況還成就了一些倒賣票的販子們。而美國人不管票販子如何漫天要價，他們都會心甘情願地慷慨解囊。

小的會堂不能滿足觀眾的要求時，演出地點就改在大教堂。

12 月 2 日，在波士頓舉行的第一次朗誦會大獲成功。有人描述說：

> 簡直無法用語言表達。全城的人都為狄更斯朗誦會發了瘋。人們一開口就是朗誦會、朗誦會。對別的話題一概不感興趣。在此之前，還從未有過什麼能激起人們如此高漲的熱情。

接下來，狄更斯離開波士頓來到紐約，他感覺紐約變化太大了，大得讓他無法理解。

　　紐約的購票隊伍也早已長長地排了起來。每天上午 9 時，5,000 多人排隊買票，周圍的餐廳都派出侍者為排隊買票的人送早餐。

　　狄更斯誦讀的奧列弗‧他斯特的悲慘經歷和小奈爾之死，特別受到美國聽眾的歡迎。

　　狄更斯在美國待了 5 個多月，舉行了近 400 場朗誦會，平均一天要登臺兩次，弄得他精疲力竭。為了應付這種緊張的演出活動，他只好白天謝絕一切社交，躺在沙發上強迫自己休息。

　　狄更斯悲哀地想：「晚上，我可能沒有力氣為大家上臺朗誦了。」

　　他處於可怕的緊張狀態之中，晚上去演出時，因身體過分虛弱，必須有人幫助他穿換衣服。

　　但是，一旦狄更斯不可思議地站到舞臺上，他就立刻變得頭腦清晰、聲音圓潤。他從來沒有使前來聽他朗誦的觀眾失望而歸。

　　醫生勸告他：「狄更斯先生，您太虛弱了，不要再額外加一次朗誦演出了。」

　　狄更斯卻回答說：「只要能起床，任何人都無權在公眾面前失約。」

　　由於感冒、腳腫、失眠、鼻膜炎等疾病的纏繞，他不得不

結束在美國西部和加拿大的演出。

1868 年 3 月，狄更斯到達東海岸時，他幾乎累垮了，雖然除了他自己，別人都沒看出來，但他寫信告訴了福斯特：

> 我已經筋疲力盡了，氣候惡劣、長途奔波、黏膜炎、旅途勞頓和埋頭苦幹已經開始嚴重損害我的健康。
> 如果我答應繼續工作至 5 月，我想我一定會累垮的。
> 我無法使周圍的人明白，每天晚上我強打精神的演出，固然使觀眾們得以度過一個又一個興高采烈、熱情洋溢的良宵，但無時無刻不在吞噬著我的健康。

狄更斯每天清晨從兩三點鐘一直咳嗽到五六點鐘。他不得不服用了一些鴉片酊，這是唯一能夠解除他痛苦的藥。但他吃了以後又常常噁心。

在波士頓舉行最一組朗誦會時，多爾貝不得不扶著狄更斯登臺，又把他扶下來。狄更斯稱讚說：「多爾貝像個細心的女人一樣，又像醫生一樣警覺。現在當我朗誦時，他必須不離左右，總是坐在講臺一側，目不轉睛地盯著我。」

每次朗誦完畢，狄更斯都平躺在更衣室的睡椅上，全身癱軟，頭向後仰著，直到面色由蒼白重新有了血色。

在紐約的演出即將結束了。狄更斯感到，他的生命也差一點就結束了。

在舉行最後一次朗誦會的前天，多爾貝看著精疲力竭的

狄更斯，希望說點讓他高興的話題：「狄更斯先生，我們就要返回久別的家園了，啊！一想到久別重逢，那是多少人興奮啊！」

但是，狄更斯卻坦白地回答說：「我走得太遠了，現在我精疲力竭，除了疲勞，我對一切都已經麻木不仁。相信我的話，我已經真的無能為力了。」

多爾貝大吃一驚：狄更斯可是從來都不認輸的啊！

4月18日，紐約新聞界在德爾莫尼科飯店為狄更斯舉行了盛大的宴會。宴會由紐約《論壇報》創始人霍勃斯・格里利主持。

但是，一向恪守時間的狄更斯這次竟然遲到了一個小時。了解他的人都知道，他是忍受了多大的痛苦，作出了何等巨大的努力才來到了宴會席上啊！

狄更斯不得不依靠別人的攙扶，才走上飯店的樓梯；又依靠在多爾貝的臂膀上，一步一跛地走進了宴會廳。

這時人們才發現，原來狄更斯的右腳上纏著繃帶。他極力掩飾著臉上流露出的痛苦，深情地對到場的美國朋友們說：

> 各位來賓，在這裡我向大家報以誠摯的敬意。我每到一處，都受到人們彬彬有禮、細緻周到、溫柔可親、熱情好客和無微不至的接待，並且充分考慮到我的職業特點和健康狀況，處處給我安排一個清靜的環境。

只要我還活在世上，只要我的子孫後代對我的作品擁有法律權利，我都要把這段話作為附錄印在我的兩本談論美國的書上。

由於病痛難忍，狄更斯不得不提前退席。

一週後，狄更斯乘坐「俄羅斯號」輪船前往利物浦。在途中，狄更斯很快就恢復了健康。當旅客們問他是否願意為他們朗誦時，狄更斯幽默地回答說：「我寧可襲擊船長，然後鋃鐺入獄，也不願再朗誦了。」

天才的表演使身體透支

當狄更斯從美國回到祖國家鄉時，受到了君主出巡迴朝一般的歡迎：農民們全家出動，站在大路旁歡迎他。從格雷夫森德到蓋茲山莊的每一座房子都掛起了彩旗。人們都高呼著：「狄更斯先生回來啦！」

狄更斯高興地向人們揮手致意，來到家門前，他抬頭一望：「呵！我的住宅都被各色彩旗遮得嚴嚴實實的了，連一塊磚也看不到了。」

狄更斯恢復健康之後，渾身又充滿了幹勁。這時，柯林斯辭去了雜誌編輯的職務，所有事務都落到了狄更斯一個人肩上。

同時，他還準備去巴黎，親自監督他與柯林斯合作的劇本《禁止通行》在法國的演出，以求取得在倫敦演出中被忽略的舞臺效果。

秋天，狄更斯在倫敦的聖詹姆斯大廳登臺演出，開始了又一輪巡迴朗誦。

10 月的一天，狄更斯到達利物浦，朋友們邀他赴宴，但他感覺身體有些不適，就只得派多爾貝單獨前去。

多爾貝臨走時，狄更斯囑咐他說：「你順路去一家書店，讓書店給我送一本書來看看。」

「先生，你想看什麼書？」

「啊，你心中有數。只要你喜歡的，都行。」

「先生，您最好說得更明白一點。」

「要一本司各特或我自己的作品都行。」

多爾貝為狄更斯買了一本《老古玩店》，並讓書店給送了過來。狄更斯非常高興，因為他已經多少年都沒有讀它了。

多爾貝赴宴回來時，發現狄更斯正捧著《老古玩店》哈哈大笑。但他對多爾貝解釋說：「我並不是因為小說人物滑稽可笑，而是因為我想起了當年寫作有些章節的情景。」

狄更斯在準備作最後一場告別朗誦會時，他選定了《孤雛淚》中女賊南希被塞克斯謀殺的一段。這個念頭早在 1863 年他就已經有過，現在，他又寫信徵求福斯特的意見：

我一直偷偷地試讀《孤雛淚》，想將其中的謀殺場面
編成一小段朗誦節目。但是，我下不了決心，因為它
的效果實在太可怕了，我不知該不該將它拿到公眾面
前去亮相。

我確信，要是我照自己的設想去朗誦，觀眾聽了一定
會大驚失色。但是在經受過這樣的驚嚇之後，下一次
他們還敢不敢再來聽我朗誦，我就說不上來了。

福斯特和多爾貝就建議他說：「你下月對一小部分朋友們
試讀一遍。」

就在試讀的前幾天，狄更斯的兒子查理正好回蓋茲山
莊。他突然聽到房子後面傳來了一陣響動，讓他不由毛骨悚
然。查理走進花園，發現狄更斯正在做著「謀殺南希」的動
作，頓時嚇得目瞪口呆。

11 月 14 日，狄更斯在聖詹姆斯大廳對一些私人朋友
和一些挑選出來的評論家進行試讀，結果大家都聽得魂飛
魄散。

他們紛紛說：「這個節目太危險，不把觀眾嚇跑才怪
呢！」其中反對最激烈的是福斯特。

一個男人承認：「我差點沒叫出聲來！」

一位內科醫生則說：「如果演出的話，肯定會出現歇斯底
里的場面。我都不知道我今晚怎樣才敢回家。」

而其中有一個很出名的女演員卻說：「嘿，既然已經收到

晚霞夕照

了這樣的效果，當然就要演出！50 多年來，公眾們一直在尋找刺激，現在，以上帝的名義發誓，他們可找到了！」

狄更斯拋棄了大多數人的意見，他決心一定要朗誦這個節目。

1869 年 1 月 5 日，狄更斯在聖詹姆斯大廳首次公演了這個節目。

朗誦從監視南希開始，讀著讀著，便發生了對南希的謀殺。大廳裡頓時得陰森可怖，令人毛髮直豎。狄更斯更用了一種摧人心肺的假聲連連模仿南希的尖叫，聲音在大廳裡久久地迴蕩……

朗誦結束時，邁步走下舞臺，觀眾們個個木然不動，幾乎連氣都不敢喘，一直靜默了半分鐘。

直到狄更斯走進更衣室，精疲力竭，氣喘吁吁地平躺在躺椅上時，觀眾席上才開始爆發出暴風雨般的掌聲和歡呼聲。

朗誦效果十分良好，感動了廣大聽眾，也使他們終於找到了他們尋求的刺激。

人們紛紛說：

「這真是一段驚心動魄的體驗，我敢打賭，凡是聽過朗誦的人都會終生難忘。」

「真是太唯妙唯肖啦！大概只有鐵石心腸的人聽第二遍。」

當狄更斯在都柏林演出時，當地不得不出動大批警察維持秩序。但人們仍然你爭我搶地往裡擠。

狄更斯費盡心機準備這最後一次朗讀，付出了慘重的代價：他的身體已經不起過分的緊張和興奮，朗誦之後，脈搏由每分鐘 72 次上升至 112 次。

多爾貝發現，這段朗誦刺激了狄更斯的神經，產生了奇怪的副作用：他常常無緣無故地興奮起來，大喊大叫；或是想盡辦法重返講臺；或是極其渴望重讀一遍。

一次，多爾貝發現了節目單，一星期四次朗誦會，那段謀殺的節目竟然安排了 3 次。於是他警告狄更斯說：「您這簡直就是在自殺。再說，你讀其他內容，人們照樣願意聽。」

狄更斯卻生氣地打斷了他：「你有完沒完！你這個膽小鬼！」他說完，怒氣衝衝地從椅子上跳起來，把手中的刀叉狠命地摔在盆子上，盆子一下被擊得粉碎。

他抱住多爾貝說：「對不起，原諒我吧！我不該對你發脾氣。我們明天再商量這件事。」

狄更斯第二天上午就劃掉了幾場演出中「謀殺」這一段。但這一段確實嚴重影響了狄更斯的健康。他開始失眠、頭暈，而且突然發現一個古怪的症候 —— 有好幾個小時，他只能看到大街上一半店鋪的招牌。顯然，這是一種輕度中風。

在醫生的強烈禁止下，狄更斯不得不取消了後面的演出，他給觀眾們退了票後回家養病。

1869 年 5 月，狄更斯害怕自己的身體會出意外，於是匆匆起草了一份「最後的遺囑」。在遺囑中，他給小姨喬治娜·霍格思 8,000 英鎊遺產稅的贈款；還給凱特相同數目的錢，並同時寫明，如果凱特去世，就傳給她的孩子們。給長女瑪米 1,000 英鎊，同時說明，如果她不出嫁，每年還會得到 300 英鎊。剩下的財產由她的孩子們平均分配。

狄更斯遺囑的最後寫道：

> 最後，我莊嚴地要求我親愛的孩子們，永遠記住喬治娜·霍格思給他們的大恩大德，他們應該全心全意地報答和愛戴她，要知道，在他們成長和進步的每一個階段，她一直是他們無私的、忠心耿耿的益友。
>
> 在此，我希望將以下事實記錄在案：自從我們自願分居之後，我的夫人每年從我這裡獲得 600 英鎊收入，自己則完全承擔了一個人口眾多、費用高昂的家庭的巨額支出。我絕對要求把我的喪事辦得樸素、簡潔，不要張揚，不要在報上發訃告，不要宣布下葬的時間或地點，最多雇 3 輛普通的出殯車。
>
> 參加我的葬禮的人不要穿戴披巾、斗篷、黑領結、長帽帶，或其他諸如此類的令人厭惡的奇裝異服。
>
> 用普通的字型在墓碑上刻上我的名字就行了，而不用加什麼先生、閣下之類的字眼。懇請我的朋友們不要

> 為我建造紀念碑、撰寫悼念文章。我的書會讓人們記
> 得我的 —— 對我來說，這就足夠了。
> 我透過我們的救世主耶穌基督將我的靈魂交付給仁慈
> 的上帝，我激勵我親愛的孩子們努力以《新約全書》
> 的廣博精神來指引自己，而不要相信任何人對它進行
> 的斷章取義的狹隘解釋。

狄更斯還特別說明，所有書籍、相片、首飾和家具都留給兒子查理和喬治娜。而他的錶、錶鏈、印章等物，連同他已經發表的作品的大量手稿，都留給福斯特。遺囑的執行人是喬治娜和福斯特。

但是，狄更斯卻仍不想停止工作。休息了幾個星期以後，10月，他開始寫作最後一部新作《艾德溫·德魯德之謎》。

奮鬥到生命的終點

1869年的聖誕節又到了，狄更斯高興地在蓋茲山莊迎來了滿門賓客，他們與狄更斯及他的滿堂兒孫一起歡度聖誕。

狄更斯看著到處亂跑的孫子和來來往往的賓客，他忍著腳上的病痛，蹣跚著走下樓去與大家一起遊戲、共進晚餐。

瑪米想過了新年之後就去倫敦居住，她讓父親和她一起去住，狄更斯答應了，於是他們在海德公園街大理石拱門5號對面租了一座房子，為期5個月。一過年他們就搬了過去。

　　而這時，狄更斯覺得身體稍有好轉，他就向他的私人醫生托馬斯·沃森懇求道：「你們知道，我還想回到舞臺上給觀眾朗誦，那才是我的人生啊！」

　　托馬斯誠懇地警告他：「狄更斯先生，你必須明白，這將大大損害你的身體健康。」

　　「那麼，我至少還要舉行幾場告別朗誦會吧！」

　　托馬斯真讓狄更斯糾纏得受不了，不得不做出讓步：「那好吧，但是狄更斯先生，我作為醫生，絕不會准許你再外出旅行。」

　　狄更斯的告別朗誦會在聖詹姆斯大廳舉行。狄更斯朗誦了 4 場「謀殺」一段。

　　第一場朗誦完畢，他的脈搏從每分鐘 72 次激增到 112 次；第二場達到 118 次；第三場竟高達 124 次，由於勞累過度，他好長時間幾乎昏迷不醒……

　　當最後一次朗誦謀殺的情節時，狄更斯對別人說：「我要把自己撕成碎片。」朗誦完畢後，他不得不由別人攙扶著走回更衣室，至少有 15 分鐘說不出一句別人能夠聽懂的話。

　　3 月 15 日，狄更斯舉行最後一場朗誦會，他莊嚴地走上了舞臺。

　　頓時，臺下一大群穿著時髦的聽眾紛紛起立，如痴如狂地向他歡呼，呼喊著狄更斯的名字，過了好久才平息下來。

　　這次，狄更斯朗誦了《聖誕歡歌》和《匹克威克外傳》中的「審訊」一段。

　　人們注意到，狄更斯的一些詞的發音已經不正確了……

　　朗誦結束時，精疲力竭的狄更斯作了一段簡短的告別演說：「現在我帶著衷心感激的、崇敬和深沉的惜別之情，在這絢爛多彩的燈光中，向你們告別！」說完，他吃力地鞠了一躬。

　　當狄更斯轉身離開舞臺時，熱淚沿著兩腮滾滾而下。

　　就在兩週之後，狄更斯的身體又露出了疲勞的跡象，他悲哀地說：「我原以為我的疲乏和出血症已經一去不返，沒想到現在又捲土重來，而且比以往嚴重得多。今天它的突然發作，將我投入了多麼悲慘的境地。」

　　但是，誰也無法阻止他用各種方式拚命工作、長途步行、使自己過分激動和過度耗費自己的精力。

　　1870 年 4 月，《艾德溫‧德魯德之謎》的第一章發表了，並獲得巨大成功。

　　同狄更斯的其他作品一樣，《艾德溫‧德魯德之謎》仍以善與惡的抗爭為中心。善集中代表的是一對單純正直的青年情侶德魯德和羅莎，而與他們直接對立的便是陰險虛偽的賈斯柏。賈斯柏因仇視羅莎，密謀殺害德魯德，並企圖嫁禍於人，達到一箭雙鵰的目的。圍繞這椿案件，小說展開了一系列錯綜複雜的情節。

《艾德溫·德魯德之謎》與狄更斯以前的作品相比，加強了不少心理方面的描寫，小說結構甚至類似於當時剛剛興起的偵探小說。

而就在這時，他的老朋友丹尼爾·麥克萊斯去世了，這讓狄更斯萬分傷心。但他依然帶病去謁見了維多利亞女王。

在離開倫敦之前，狄更斯還在克倫威爾劇院指導了幾齣戲的排練，他的女兒們也參加了演出。

演出後，人們找不到狄更斯了，最後才在幕後的一個角落裡找到了他。只見他神情恍惚，嘴裡喃喃著：「我以為我已經在家裡了呢。」

5月底，狄更斯回到了蓋茲山莊。狄更斯回憶著自己一生與蓋茲山莊的淵源：孩提時代，他站在那座房子外面，父親對他說，只要他努力，他有朝一日可能成為這座房子的主人；在高朋滿座、人聲鼎沸的宴會上，他與賓客們談笑風生，縱酒放歌；他在馬路對面綠樹掩映的小木屋裡伏案寫作，奮筆疾書；他健步如飛，行走在四周的原野上，到喬克、科巴姆、羅徹斯特⋯⋯

沿途他帶著小筆記本，把每一所房屋、每一條小巷、每一個細小的角落發生的事都記錄下來。

但現在，狄更斯明顯預感到，自己的時間不多了。

6月，二女兒卡蒂回到蓋茲山莊。她是來徵求父親的意

見的：「爸爸，我想當一個演員，您覺得呢？」

狄更斯看著自己心愛的女兒，他坦誠地告訴卡蒂：「孩子，妳很漂亮，肯定沒問題的，但是妳的性格過於敏感，無法想像將會遇到的壓力。雖然舞臺上不乏好人，但也有一些令人毛骨悚然的人。你很聰明，還是做點別的事情吧，我將盡力幫助你。」

卡蒂也信服父親說得有道理，她點點頭說：「爸爸，謝謝您，我會努力的。」

父女倆一直談到凌晨 3 時。狄更斯不止一次自我責備：「爸爸要向你道歉。在很多時候，我作為一個父親，對你關心還不夠。」

第二天早晨，狄更斯正在小木屋裡寫作《艾德溫‧德魯德之謎》。門一開，卡蒂走了進來，她與父親吻別。

但當卡蒂順著通道返回時，突然產生了一種再與父親見一面的衝動，她又飛跑著回到小木屋。

狄更斯回過身來，張開雙臂，將女兒緊緊地擁在懷裡。

「爸爸，我會想你的，你千萬要多多保重啊！」

狄更斯一邊寫作，一邊仍然堅持散步。

6 月 7 日，瑪米離開蓋茲山莊去看望卡蒂。當天下午，狄更斯在喬治娜陪伴下驅車去科巴姆樹林，回來時，他自己步行繞公園走了一週，然後走回家去。

晚上，狄更斯在暖房裡掛起了一串中國燈籠，晚餐後與喬治娜一起坐在餐廳裡觀賞。他看起來興致蠻不錯的，還對家裡人說：「我下決心住到這裡來而不住在倫敦，因為我希望我的名字能與這個地方聯繫在一起，死了以後，我願意埋在羅徹斯特城堡牆下的教堂墓地裡。」

6月8日，狄更斯依舊伏案寫作，但是，身體的種種不適給了他一種不祥的預感。午餐後，他回到小木屋，寫下了給羅徹斯特的告別辭：

> 清晨的豔陽照耀著古城。它的古蹟和廢墟顯得美麗無比，一株苗壯的常青藤在陽光下閃爍，枝繁葉茂的樹木在風中搖擺。
>
> 搖曳的枝條反襯出斑斕奪目的光彩，鳥兒在歡唱，花園、樹林、田野 —— 或者說，像整個島嶼經過墾殖培育，如今正值豐收季節那樣的一個大花園散發出陣陣清香。
>
> 這清香滲入了教堂，蓋過了它的泥土的氣息，帶來了萬物復甦的勃勃生機。幾百年前的冰冷的石墓變暖了，細碎的光點射進了這座建築物的最陰冷的大理石的角落裡，就像鳥兒展翼飛舞。

後來，狄更斯感到非常疲乏，一句話也不想說。

晚上18時，當狄更斯來到小姨喬治娜面前吃飯時，喬治娜立刻發現他的臉色特別難看。她急忙問道：「你感到哪裡不

舒服嗎？」

狄更斯說：「我感到很不舒服已經有一個小時了。但是不要緊，大家先吃飯。」

喬治娜意識到狄更斯又中風了，忙說：「你躺下休息一下吧！」

狄更斯卻執意站了起來：「不，我必須馬上去倫敦。」

大家要扶他到沙發上休息一下，但他用僵硬的手指了指地板，只說了一聲「在地上」，就橫倒在地板上了。

喬治娜立刻給女兒們發去了電報，她們當晚便趕了過來，狄更斯整夜昏迷不醒。

第二天早上，查理和亨利兩個兒子也趕回來了。

狄更斯一直昏迷到6月9日晚18時10分，他忽然渾身顫抖，然後長長地舒了一口氣，一大滴淚水順著他的臉頰淌下，然後，這位一代文豪便與世長辭了。享年58歲。

由於《艾德溫·德魯德之謎》是狄更斯未完成的作品，所以小說的結局也成了文學史上永遠的懸案。

英國人民為失去這樣一位偉大作家而全國舉哀。除了紀念碑外，狄更斯的遺願基本上都得到了尊重。他的骨灰被安葬在威斯敏斯特教堂的「詩人之角」。

狄更斯雖然死了，他的形象和他的許多光輝著作，永遠活在世界人民的心中。

 晚霞夕照

附錄

這是最美好的時代，這是最糟糕的時代；這是智慧
的年頭，這是愚昧的年頭；這是信仰的時期，這是
懷疑的時期；這是光明的季節，這是黑暗的季節；
這是希望之春，這是失望之冬。

—— 狄更斯

經典故事

苦難也是一種財富

狄更斯，這位蜚聲世界的英國文豪，只上過兩三年學，更談不上受過什麼專門的文學教育。

由一個幸福家庭的孩子到鞋油工，生活環境的突變給了他很大的打擊，同時也讓他接觸了倫敦底層的生活。好奇的小狄更斯在工作之餘，常去那些陰暗的小巷、霉臭的庭院遊蕩，偷聽夫妻吵架，觀看居民鬥毆。他那擅長觀察的眼睛像照相機那樣，拍攝下了小偷、無賴、貧民、乞丐、騙子、妓女等不同社會人物的形象。

狄更斯從小就親身體驗著窮人的種種苦難和辛酸，也耳聞目睹了富人的種種罪惡和醜態，他那時並沒有想到，這實際上是一筆巨大的財富，可以幫助他日後成為世界聞名的大作家。

在成名以後，狄更斯仍不知疲倦地到處追尋生活的蹤跡。他跑到工廠與童工閒聊，在馬車站久久徘徊，時常去逛馬戲場和遊藝園，到牢房去同將要受刑的囚犯談話，並且觀察行刑的情景。

在擁擠的倫敦街頭，他看到了衣衫襤褸的人，就跟上去，像一名職業偵探一樣，隨之穿過幾條小巷來到一個下等公寓或酒館，靜靜地站在一旁觀察、諦聽、思索，然後把一切都記下來。

虛構故事是作家的習慣

狄更斯特別喜歡在寫完一大堆稿子後，坐在綠蔭下垂釣。青枝拂水，釣絲悠悠，他輕輕地哼著口哨注視著浮球的動靜。每次釣魚，大腦總能得到調節、休息，甚至激發他的靈感。

有一天，狄更斯又輕鬆悠閒地操著釣魚竿來到老地方，坐在河邊一棵大樹下釣魚。綠波蕩漾，白白的浮球給水波蕩得一漂一漂。浮球似乎變成了白色的精靈，惹得狄更斯的目光一眼不眨地捕捉。浮球一沉，狄更斯便目露喜悅之色：哎，魚兒上鉤啦！浮球重新浮起，狄更斯便一臉懊悔，連連搖頭，這魚像賊一樣精明，又溜走啦！

狄更斯正全身心沉浸入釣魚的樂趣時，突然，有一個陌生的男子從樹後閃了出來。這個戴著帽的男子衝狄更斯奇怪地看了好一會，才慢吞吞地發話：「喂，先生，你在這裡釣魚嗎？」

「是啊！」狄更斯注視著水中的浮標，頭也不抬地答道：「掃興。今天釣了半天，沒一條魚上鉤。可是昨天，我在這裡卻一下子釣了 15 條呢！」狄更斯邊說話，邊得意揚揚地伸出左手摸摸下巴。

「是嗎？」陌生人繼續追問。

「是啊！」狄更斯答道。

　　陌生人的嗓音馬上變高：「先生，我要舉發你，這條河裡嚴禁釣魚。你知道我是誰嗎？我是這地方專門查緝違規的。」

　　話音剛落，他低下頭，從衣袋裡掏出本舊舊的本子，看樣子，他要罰狄更斯的錢。

　　狄更斯大吃一驚，忙抬頭一望。稍頓一下，他慢悠悠地反問：「尊敬的先生，那你知道我是誰嗎？」

　　狄更斯見他發愣，又笑著說：「先生，我叫狄更斯，是專寫小說的作家。你絕對不能罰我的款，因為虛構故事是我的習慣。」

　　陌生人垂頭喪氣地轉身便走。

苦練朗誦技藝

　　狄更斯堅信，停止了探索，停止了創造，停止了奮鬥，就意味著生命的終結！所以，已經光芒四射的狄更斯並沒有滿足，沒有懈怠，他又要向新的藝術領域挺進。他還要做一名偉大的演員、一名職業朗誦者。

　　狄更斯具有出色的演員氣質和表演才能，甚至受過相當好的舞臺訓練。狄更斯構思小說人物性格時極為投入，有時他在行走時，突然想起小說中的人物形象，就不由自主地設想那些人物的表情，會突然尖聲大叫或高聲狂笑，把周圍的人嚇得大驚失色。他寫作時會突然扔下紙筆，走到鏡子旁邊，對著鏡子擠眉弄眼地模仿著說話人的表情，然後再回去寫作。

　　經過這樣長期反覆的操練，狄更斯的表演技巧已經達到了爐火純青的地步了，他的嗓音、神態、表情和言談舉止頃刻間可以做到變換自如。

　　從 1858 年起，狄更斯在全國各地舉行作品朗誦會。他有一副充滿磁性的好嗓子，能發出各種各樣的聲音，加上極為逼真的模仿天才，他的作品朗誦常常一下子就能抓住聽眾的心。人們甚至從其他城市趕來聽他朗誦，還常常因為買不到坐票而寧願站著。

　　演出結束，人們仍不願離去，渴望有機會碰一下他的手或者大衣。有一次他演出時不慎碰落了自己衣服鈕釦裡的花，一群女士竟然你爭我奪地去搶那些花瓣。狄更斯的魅力由此可見一斑。

年譜

1812 年 2 月 7 日，查爾斯・狄更斯生於樸資茅斯的波特西地區，父親名為約翰・狄更斯，母親名為伊麗莎白・狄更斯。

1817 年，自倫敦移居於肯特郡的查塔姆，接受早期教育。1823 年遷回倫敦。

1824 年 2 月 9 日，約翰・狄更斯由於無力還債被關進馬西夏債務監獄；狄更斯在華倫鞋油廠做工。

1827 年，在倫敦的一家由埃利斯和布萊克默聯營的律師事務所擔任小職員職務。

1829 年，在倫敦民事律師公會擔任速記員職務。

1834 年 8 月，任《時事晨報》記者職務。速寫出版，整理為《博茲隨筆》，於 1836 年 2 月和 12 月分兩捲出版。

1836 年 4 月至 1837 年 11 月，創作《匹克威克外傳》。

1836 年 4 月 2 日，與凱特・霍格思結婚，住在弗尼瓦爾飯店。

1837 年 1 月至 1839 年 1 月，任《本特利雜誌》編輯職務；《孤雛淚》創作開始。

1838 年 4 月至 1839 年 10 月，創作《尼古拉斯・尼克貝》。

1840 年 4 月至 1841 年 11 月創作《老古玩店》和《巴那比・魯奇》，全為每月連載。

1842 年 1—6 月，在北美遊歷，返回後創作《美國札記》。

1844 年 7 月至 1845 年 6 月，住在義大利。

1844 年 12 月創作《鐘聲》。

1845 年 10 月至 1846 年 3 月，籌劃、編輯《每日新聞》並向其投稿。

1846 年 6—11 月，住在瑞士。

1846 年 11 月至 1847 年 2 月住在巴黎。其間創作《董貝父子》。

1849 年 5 月至 1850 年 11 月，創作《塊肉餘生錄》。

1850 年 3 月，創辦《家常話》週刊，擔任編輯職務並定期投稿。

1851 年 10 月，搬到塔維斯多克山莊。

1852 年 3 月至 1853 年 9 月，創作《荒涼山莊》。

1854 年，創作《艱難時世》。

1855 年 12 月至 1857 年 6 月，創作《小杜麗》。

1856 年 3 月，買下肯特郡的蓋茲山莊。

1858 年 5 月，與妻子分居。

1859 年 4—11 月，創作《雙城記》。

1860 年，創作《非商業性的旅客》。10 月最終搬到蓋茲山莊。

1860 年 12 月至 1861 年 8 月，寫作《遠大前程》。

1864 年 5 月至 1865 年 11 月，創作《我們共同的朋友》。

1867 年 11 月至 1868 年 4 月，在美國進行巡迴朗誦。

1869 年 4 月，在外地進行巡迴朗誦期間身體累垮。

1870 年 1—3 月，在倫敦進行告別朗誦。

1870 年 4—9 月，創作《艾德溫‧德魯德之謎》（未完成）。

1870 年 6 月 9 日，在蓋茲山莊逝世，享年 58 歲。

附錄

名言

成功好比一個梯子，機會是梯子兩側的長柱，能力是插在兩個長柱之間的橫木。只有長柱沒有橫木，梯子沒有用處。

渾身刻板死沉、滿面陰慘憂鬱的人，不論其生相如何，衣飾如何，都是人間最壞的人。

永遠不要把你今天可以做的事留到明天做。延宕是偷光陰的賊，抓住他吧！

如果你不能順著正路做到不平凡，可千萬不能為了做到不平凡而去走歪門邪道！

人在精神方面受到了最可怕的打擊，往往會喪失神志。

可以斷定，思想和身體一樣，稍有過度的安逸，便會如染瘟病。

凡可以獻上我的全身的事，絕不獻上一隻手。

沒有無私的自我犧牲的母愛的幫助，孩子的心靈將是一片荒漠。

利器無法完成的工作，鈍器常能派上用場。

重複是學習之母。

寶貴的光陰，總是像箭一樣地飛逝著。

時間就是金錢，而且對用它來計算利益的人來說，是一筆巨大的金額。

成熟的愛情，敬意、忠心並不輕易表現出來，它的聲音是低的，它是謙遜的、退讓的、潛伏的，等待了又等待。

世界上能為別人減輕負擔的都不是庸庸碌碌之徒。

愛情能持之以恆才是一件好事；可是，如果在別的方面沒有恆心，那麼愛情方面的恆心也就一文不值，毫無意義了。

頑強的毅力可以征服世界上任何一座高峰。

248

最難得的是，自從烏雲罩在我頭上以來，你守著我，反而比從前紅日高照的時候更加盡心了，這是最難得的。

對於身心慘遭摧殘、瀕於死去的人來說，朋友的真誠相助，將是一種再生之恩。

失敗是有限的，冒險則是無限的。

別驕傲，別懷恨，別不肯原諒你。

不值得看兩次的書，也不值得看一次。

沒有壞人，也就沒有好律師。

一片用努力換來的麵包總比一桌繼承來的酒席好吃得多。

善良的人會把生活裡的黑暗變成光明。

我所收穫的，是我種下的。

我想一切胸襟寬廣的人都有雄心大志；但是我所器重的心懷大志的人，卻是那些堅定而有信心地走這條道路的人，而不是那些企圖一蹴而就、淺嚐輒止的人。

這是最美好的時代，這是最糟糕的時代；這是智慧的年頭，這是愚昧的年頭；這是信仰的時期，這是懷疑的時期；這是光明的季節，這是黑暗的季節；這是希望之春，這是失望之冬。

永遠得不到安寧，永遠得不到滿足，老是追求著永遠得不到的東西，情節、計劃、憂慮和煩惱永遠縈繞在腦際。不管這是多麼離奇，有一點是明白無誤的：那是一種不可抗拒的力量，一個人就是在這種力量的驅使下去制訂人生計劃的！

某種可喜的才能，某種幸運的機會，可以形成某一些人上升的梯子的兩側，但是那梯子的橫級必然是用經得住摩擦和牽扯的東西做的；沒有東西可以替代徹底、熱情、誠懇的真功夫。

電子書購買

國家圖書館出版品預行編目資料

絕望中的幽默製造者狄更斯：天生的作家，發
文即成名，創作不輟，關注社會黑暗並帶來光
明 / 鄧韻如，王漢卿編著 . -- 第一版 . -- 臺北市
：崧燁文化事業有限公司 , 2022.10
　　面；　公分
POD 版
ISBN 978-626-332-743-6(平裝)
1.CST: 狄更斯 (Dickens, Charles, 1812-1870)
2.CST: 傳記
784.18　　111014308

絕望中的幽默製造者狄更斯：天生的作家，發文即成名，創作不輟，關注社會黑暗並帶來光明

臉書

編　　　著：鄧韻如，王漢卿
發 行 人：黃振庭
出 版 者：崧燁文化事業有限公司
發 行 者：崧燁文化事業有限公司
E - m a i l：sonbookservice@gmail.com
粉 絲 頁：https://www.facebook.com/sonbookss/
網　　　址：https://sonbook.net/
地　　　址：台北市中正區重慶南路一段六十一號八樓 815 室
Rm. 815, 8F., No.61, Sec. 1, Chongqing S. Rd., Zhongzheng Dist., Taipei City 100,
Taiwan
電　　　話：(02) 2370-3310　　傳　　　真：(02) 2388-1990
印　　　刷：京峯彩色印刷有限公司 （京峰數位）
律 師 顧 問：廣華律師事務所 張珮琦律師